V&R

DIENST AM WORT

Die Reihe für Gottesdienst und Gemeindearbeit

Band 157

Vandenhoeck & Ruprecht

Stephan Goldschmidt (Hg.)

Erinnerungsfeste

Gottesdienste mit und für Menschen mit Demenz

Vandenhoeck & Ruprecht

Bibliografische Information der Deutschen Nationalbibliothek

Die Deutsche Nationalbibliothek verzeichnet diese Publikation in der Deutschen Nationalbibliografie; detaillierte bibliografische Daten sind im Internet über http://dnb.d-nb.de abrufbar.

ISBN 978-3-525-63054-9
ISBN 978-3-647-63054-0 (E-Book)

Umschlagabbildung: Vision, aus: »Aus der realen Welt«, © Josef Roßmaier

Satz: SchwabScantechnik, Göttingen
Umschlag: SchwabScantechnik, Göttingen
Druck und Bindung: ⊕ Hubert & Co., Göttingen

Gedruckt auf alterungsbeständigem Papier.

Inhalt

Vorwort 7

Martina Plieth
Einleitung 11

Antje Stoffregen
1. »Vergiss mein nicht«
Gottesdienst für Menschen mit Demenz, Angehörige/
Betreuende und die ganze Gemeinde in St. Nicolai,
Lüneburg 17

Martina Plieth
2. »Ich lieb dich für immer«
Gottesdienst mit demenzkranken Menschen
im Jacobi-Haus Bünde 41

Claudia Basler
3. »Mit dem Herzen hören und sehen«
Gottesdienst mit Demenzkranken im Dandelion Basel 53

Heike Musolf
4. »Vom Himmel hoch – Gott spüren:
Mit Herz und Hand, mit Tat und Leben«
Adventsgottesdienst mit und für Demenzkranke und
ihre Angehörigen im Altenwohnzentrum der AWO Norden . 63

Gunter Odrich/Heike Meisel-Schmitz
5. »Du salbest mein Haupt mit Öl«
Salbungsgottesdienst mit Kindern im Diakonischen
Altenzentrum Graupa bei Dresden 79

Ursula Plote/Ivonne Tholen

6. »Die Kirche hat Geburtstag«
Gottesdienst mit Demenzkranken
in der Ev.-luth. Kirchengemeinde Bant 91

Dr. Wiebke Bähnk/Annelie Conradi

7. »Ich geb' dir einen Engel mit …«
Gottesdienst (nicht nur) für dementiell Erkrankte und alle,
die sie begleiten, in St. Markus-Hoheluft, Hamburg 105

Ulrike Merkel

8. »Und Gott wird abwischen alle Tränen«
Gottesdienst für Menschen mit einer Demenzerkrankung
im Paul-Gerhardt-Werk in Offenburg 119

Literatur 131

Anhang 133
- Liedvers »Vergiss mein nicht« 135
- Ausschreibung 139
- Die Jury 141
- Laudatio 143

Vorwort

»Vielen Dank für diesen Gottesdienst«, sagte mir die Leiterin eines Alten- und Pflegeheimes und berichtete von ihrer Beobachtung einer demenzkranken Frau, die seit mehreren Tagen desorientiert war und seither kein einziges Wort gesprochen hatte. »Beim Lied ›Geh aus mein Herz und suche Freud‹ ging ihr auf einmal der Mund auf und sie sang mit großer Freude mit. Das mitzuerleben, war für mich der Höhepunkt des heutigen Gottesdienstes.«

Es sind wohl ähnliche Erfahrungen, die in den vergangenen Jahren dazu geführt haben, dass sich Gottesdienste mit Demenzkranken zu einem neuen und wachsenden Handlungsfeld in der Gottesdienstarbeit entwickeln konnten. Die in diesem Buch zusammengefassten Gottesdienste zeigen, wie wichtig es ist, dass die Menschen, die mit dem Vergessen kämpfen, im Rahmen der kirchlichen Arbeit nicht vergessen werden. Es ist nicht zufällig, dass die meisten dieser Gottesdienste im Team erarbeitet wurden und sich darüber hinaus Ehrenamtliche stark engagieren. Zu einigen Gottesdiensten wird über die Demenzkranken, die Angehörigen und Pflegenden hinaus bewusst die ganze Gemeinde eingeladen. Das Teilnahmeverhalten zeigt, dass diese Gottesdienste auch für nicht an Demenz erkrankte Gottesdienstteilnehmer(innen) attraktiv sind. Dies mag zum Teil daran liegen, dass Gottesdienste mit Demenzkranken als soziales Engagement einer Kirchengemeinde, einer Einrichtung oder eines Kirchenkreises wahrgenommen werden, an dem sich viele beteiligen wollen. Wichtiger scheint mir jedoch zu sein, dass sich in diesen Gottesdiensten exemplarisch die heilende und stärkende Kraft von Gottesdiensten zeigt und elementares Erleben in den Vordergrund gestellt wird. Es ist bewegend mitzuerleben, wenn in einer gottesdienstlichen Feier demenzkranke Menschen aktiviert werden, Lieder und Melodien mitzusingen oder Psalmen und Bibelverse mitzusprechen, die im Laufe eines Lebens verinnerlicht wurden. Wo in einem Gottesdienst die Orientierungslosigkeit, unter der Demenzkranke leiden, durch Vertrautheits- und Beheimatungserfahrungen zumindest zeitweise überwunden wird,

wird dieser Gottesdienst weit über den Kreis der Demenzkranken und deren Umfeld attraktiv.

Mit den hier vorgestellten Gottesdiensten veröffentlicht die Stiftung zur Förderung des Gottesdienstes (Karl-Bernhard-Ritter-Stiftung) ausgewählte Ergebnisse ihres Wettbewerbs um den Gottesdienstpreis erstmals in Buchform. Das vorliegende Buch ist somit auch eine Dokumentation des Wettbewerbs und dient der Transparenz bei der Auswahl der Preisträger durch die im Anhang namentlich genannte Jury.

Durch den mit 2.500 € dotierten und seit 2009 jährlich verliehenen Gottesdienstpreis versucht die Stiftung zur Förderung des Gottesdienstes, der kontroversen Diskussion um die Qualität der Gottesdienstarbeit einen neuen Aspekt hinzuzufügen. Das Bewusstsein um die Qualität von Gottesdiensten soll durch Wertschätzung gestärkt werden. Dabei bewertet die Jury die Gottesdienste anhand ihrer schriftlichen Form. Diese konzeptionelle Grundentscheidung hat sich in den zurückliegenden Wettbewerben bewährt. Sie trägt dem Wissen um die Unverfügbarkeit des göttlichen Handelns im Gottesdienst Rechnung, ermöglicht aber dennoch eine sachliche Beurteilung der Gottesdienste. Die theologische und sprachliche, aber auch die dramaturgische und liturgische Qualität eines Gottesdienstes lässt sich auf diese Weise gut beurteilen. Die Jury kann sich aufgrund des eingereichten Materials in der Regel ein klares Bild über die zu beurteilenden Gottesdienste machen, da neben dem Ablauf mit allen gottesdienstlichen Texten meist auch konzeptionelle Überlegungen sowie Resonanzen über den Gottesdienst eingesandt werden.

Im Jahr 2012 wurde der Gottesdienst mit dem Titel »Vergiss mein nicht« ausgezeichnet, der im Oktober 2011 in der Lüneburger Nicolaikirche gefeiert wurde. Seit 2008 werden dort Gottesdienste gefeiert, zu denen Menschen mit Demenz eingeladen werden, aber auch Angehörige und Betreuende sowie die ganze Gemeinde. Die klare traditionskontinuierliche Grundstruktur dieser Gottesdienste ist gerade für die Demenzkranken Seelsorge in ritueller Form. Sie wendet sich durch die verwendete Leichte Sprache zunächst an Menschen mit Demenz, aber auch an alle, die zu ihrem Umfeld gehören, und darüber hinaus an die ganze Gemeinde. Damit entziehen sich die in Lüneburg gefeierten Gottesdienste dem seit Jahrzehnten wahrnehmbaren Trend zur Ausdifferenzierung der Gottesdienstformate. Er richtet sich zwar mit den Demenzkranken an eine bestimmte Zielgruppe, ohne aber im engeren Sinne ein Zielgruppengottesdienst zu sein. Die Entscheidung für die Kirche als Ort dieser Gottesdienste war auch ein Signal. Im Rahmen eines Gemeindegottesdienstes wurden die Demenzkranken willkommen geheißen. So konnten sie sich zugehörig wissen und die Menschenfreundlichkeit Gottes ganzheitlich wahrnehmen.

Zusammen mit dem von der Stiftung zur Förderung des Gottesdienstes ausgezeichneten Gottesdienst werden unten acht Gottesdienste mit Demenzkranken dargestellt, die jeweils durch ihre liebevolle Gestaltung sowie liturgische und sprachliche Qualität überzeugen. Alle bieten außerdem eine für die Praxis interessante Konzeption. Auffällig ist, wie unterschiedlich die Konzepte sind. Die Unterschiede beginnen ganz äußerlich bei der Wahl des Ortes (Kirche oder Aufenthaltsraum in einem Heim), was direkte Auswirkungen hat, ob ein klassischer Zielgruppengottesdienst gefeiert wird oder ein Gemeindegottesdienst, der im Sinne eines inklusiven Ansatzes offen ist für Demenzkranke und ihr Umfeld. Unterschiede gibt es auch bei der Grundentscheidung, ob die Gottesdienste sich an der Agende orientieren und die klassischen liturgischen Stücke aufgreifen oder ob eine eigene Liturgie entwickelt wird. Die einen Gottesdienste bevorzugen sinnliche Elemente, andere haben eine stärker kognitive Ausrichtung. Die Verwendung der Leichten Sprache differiert zwischen den einzelnen Konzepten ebenso wie die Beteiligung Ehrenamtlicher. Teilweise arbeiten auch Kinder, Konfirmandinnen und Konfirmanden oder Berufsschülerinnen und -schüler aktiv an den gottesdienstlichen Feiern mit. Die Unterschiedlichkeit der Konzepte mag es den in den Kirchengemeinden oder Einrichtungen Verantwortlichen erleichtern, sich von dem einen oder anderen Konzept zu Gottesdiensten mit dementen Menschen anregen zu lassen.

Mein Dank gilt allen, die sich durch ihre Einsendung um den Gottesdienstpreis 2012 für Gottesdienste mit Demenzkranken beworben haben und die darüber hinaus bereit waren, sich für diese Veröffentlichung zu engagieren. Ich danke den Mitgliedern der Jury für die Mitwirkung bei der Auswahl der Preisträger, besonders Pfarrer Dr. Andreas Leipold für die Durchsicht des Manuskripts.

Hannover, im Juni 2013,

im Namen der Stiftung zur Förderung des Gottesdienstes
Stephan Goldschmidt (Vorsitzender)

Martina Plieth

Einleitung

1. Zahlen und Fakten zum Thema »Demenz«

In Deutschland leben zurzeit ungefähr 1,2 Millionen dementiell erkrankte Menschen, darunter fast zwei Drittel (65 %) von der Alzheimer-Krankheit Betroffene[1]. Die Zahl der Demenzerkrankungen nimmt kontinuierlich zu; aller Voraussicht nach wird es im Jahr 2050 deutschlandweit über 2,6 Millionen Menschen mit Demenz geben. Innerhalb von weniger als 40 Jahren wird sich die Zahl der Demenzkranken um mehr als 100 % erhöhen.

Demenzerkrankte in der Gesamtbevölkerung (2010)
Demenzerkrankte in Deutschland: 1,2 Mio.
Demenzerkrankte in Europa: 6,0 Mio.
Demenzerkrankte in der Welt: 35,6 Mio.

Nur ein Bruchteil der Demenzerkrankungen tritt bei unter 65-jährigen Personen auf. Nach dem Erreichen der Altersgrenze von 65 Jahren erhöht sich im Abstand von jeweils etwa 5 Altersjahren die feststellbare Demenz-Krankenziffer um mehr als das Doppelte. Fast zwei Drittel aller an Demenz Erkrankten haben bereits das 80ste Lebensjahr vollendet. Der eindeutig höchste Prozentsatz an Erkrankten findet sich mit fast 35 % in der Gruppe der 90-Jährigen und Älteren.

1 Alle angegebenen Zahlen stammen aus dem Informationsmaterial der Deutschen Alzheimer Gesellschaft und können unter www.deutsche-alzheimer.de abgerufen werden. Hilfreich sind auch die Angaben im aktuellen Demenz-Report 2011, der als pdf-Datei kostenfrei heruntergeladen werden kann: http://www.berlin-institut.org/fileadmin/user_upload/Demenz/Demenz_online.pdf (abgerufen am 9.1.2013).

Demenzvorkommen in Abhängigkeit vom Alter (Deutschland 2008)

Altersgruppe / Mittelwert (%) / Geschätzte Krankenzahl
65–69-Jährige / 1,2 % / 62.000
70–74-Jährige / 2,8 % / 127.000
75–79-Jährige / 6,0 % / 180.000
80–84-Jährige / 13,3 % / 300.000
85–89-Jährige / 23,9 % / 310.000
90-Jährige und älter / 34,6 % / 175.000
65-Jährige und älter / 6,9 % / 1.154.000

Das jährliche Neuerkrankungsrisiko steigt von durchschnittlich 0,4 % bei den 65–69-Jährigen auf bis zu mehr als 10 % bei den Höchstbetagten. Bezogen auf Deutschland ist pro Jahr von insgesamt fast 300.000 Demenz-Neuerkrankungen auszugehen.

Demenzneuerkrankungen in Abhängigkeit vom Alter (Deutschland 2009)

Altersgruppe / Mittelwert (%) / Geschätzte Zahl
65–69-Jährige / 0,4 % / 20.000
70–74-Jährige / 0,9 % / 40.000
75–79-Jährige / 1,9 % / 54.000
80–84-Jährige / 4,1 % / 80.000
85–89-Jährige / 6,5 % / 64.000
90-Jährige / und älter 10,1 % / 33.000
65-Jährige / und älter 1,9 % / 291.000

Bei etwa jedem dritten Menschen, der älter als 65 Jahre wird, tritt im weiteren Altersverlauf eine Demenzerkrankung auf. Dies würde – ohne Berücksichtigung vorzeitigen Sterbens infolge anderer Erkrankungen – hochgerechnet bedeuteten, dass ca. 2 % der Menschen bis zum Alter von 70 Jahren und ca. 12 % der Menschen bis zum Alter von 80 Jahren an einer Demenz erkranken. Bis zu einem Alter von 90 Jahren wären bereits 50 % der Bevölkerung von Demenz betroffen, bis zu einem Alter von 95 Jahren 70 % und bei einem Alter von 100 Jahren über 90 %.

Geschätzte Zunahme der Demenzkrankenzahl von 2000 bis 2050
Jahr / über 65-Jährige / Krankenzahl
2000 / 13,7 / 935.000
2010 / 16,8 / 1.210.000
2020 / 16,6 / 1.545.000
2030 / 22,2 / 1.824.000
2040 / 23,8 / 2.197.000
2050 / 23,5 / 2.620.000

2. Gottesdienste mit demenzkranken Menschen

Wer mit dementiell erkrankten Menschen zu tun hat und ihnen auch im Gottesdienst angemessen begegnen möchte, sollte sich vergegenwärtigen, welche Symptomatik üblicherweise mit Demenz einhergeht und wie sich Weltwahrnehmung und Selbstdarstellung der von der Krankheit Betroffenen verändern (können). Es ist dabei sinnvoll, auf die vier Stadien der besonders häufig vorkommenden Alzheimer-Krankheit zurückzugreifen. Mit ihrer Hilfe sind die spezifischen Bedürfnisse von Menschen mit Demenz besonders gut zu erfassen und bestimmte durch sie begründete Haltungen bzw. Verhaltensweisen pointiert zu skizzieren.[2]

2 Weiterführende Informationen zu unterschiedlichen Formen von Demenz finden sich z. B. bei Buijssen, H.: Demenz und Alzheimer verstehen. Erleben, Hilfe, Pflege: Ein praktischer Ratgeber, insbesondere Kapitel 1 (Was ist Demenz?), 18 ff. oder auch im Internet, z. B. unter www.quarks.de (Archiv: Alzheimer – Forschen gegen das Vergessen, Sendung vom 2.12.2008).

Stadien der Alzheimer-Krankheit

Stadium 1: → Suche nach Orientierung und Ordnung
Merkmal: Mangelhafte Orientierung (Vergesslichkeit, Schusseligkeit, Desinteresse, Leugnung, Konfabulieren, Depression, Aggression)

Stadium 2: → Suche nach Geborgenheit und Sicherheit
Merkmal: Zeitverwirrtheit (Wegbrechen der Fassade, Nachlassen des Kurzzeitgedächtnisses, der Merkfähigkeit und der Konzentration, Wortfindungsstörungen [Aphasie], Handfertigkeitsstörungen [Apraxie], veränderter Tag-Nacht-Rhythmus, Umherwandern, Suchen, Festklammern)

Stadium 3: → Suche nach Halt und Trost
Merkmal: Sich wiederholende Bewegungen (Kontrollverlust, Inkontinenz, Entwicklung stereotyper Geräusche [Summen, Schnalzen, Stöhnen], stereotype Bewegungen, Sprachverlust, Verkennen von Personen und Gegenständen, Desorientierung)

Stadium 4: → Reine Empfänglichkeit
Merkmal: Mobilitätsverlust (Erstarrung, Spastik, Erlöschen der Biographie [Identität], »Dahinvegetieren«)

Bereits ein kurzer Blick auf die zuvor dargestellten vier Stadien und ihre jeweiligen Merkmale lässt erkennen, welche besondere Prägung Gottesdienste mit Demenzerkrankten benötigen, um von den an ihnen Beteiligten positiv wahrgenommen und (mit-)erlebt werden zu können. Sie sollten verkündigende und seelsorgliche Elemente miteinander verbinden und insbesondere darauf ausgerichtet sein, Orientierung und Ordnung, Geborgenheit und Sicherheit sowie Halt und Trost zu vermitteln. Dabei geht es vor allen Dingen darum, Vertrautheits- sowie Beheimatungsgefühle und Beziehungspflege zu ermöglichen. Wo Letzteres gelingt, können Menschen mit Demenz verhältnismäßig aktiv am Gottesdienstgeschehen teilnehmen und dabei sowohl menschliche als auch göttliche Nähe erfahren.

3. Ziele in Gottesdiensten mit dementiell Erkrankten (entsprechend spezifischer Bedürfnisse bzw. Bedarfslagen)

Suche nach Orientierung und Ordnung	Vermittlung von Orientierung und Ordnung Sinn-Angebote Deute-Angebote »Verortungs-Angebote«
Suche nach Geborgenheit und Sicherheit	Vermittlung von Geborgenheit und Sicherheit Zuwendung Nähe Beständigkeit Verlässlichkeit Treue Ruhe Gelassenheit
Suche nach Halt und Trost	Vermittlung von Halt und Trost »Beheimatung« Zugehörigkeit Verantwortlichkeit
(Reine) Empfänglichkeit	Da-Sein (Präsenz) und Hingabe

Damit die zuvor genannten Ziele auch tatsächlich erreicht werden, ist zu berücksichtigen, dass Verkündigung in Form rein monologischer Rede Menschen mit Demenz aufgrund ihrer vielfältigen kognitiven und kommunikativen Beeinträchtigungen nur bedingt erreicht. Wer dementiell Erkrankte so ansprechen möchte, dass sie sich wirklich berührt fühlen, sollte ein multidimensionales Kommunikationsgeschehen ermöglichen und dazu beitragen, möglichst viele unterschiedliche Dimensionen der Wahrnehmungs- und Ausdrucksmöglichkeiten zu berücksichtigen. Dabei geht es vor allen Dingen darum, sich um eine elementare und ausdrucksstarke »Sprache« zu bemühen, die nicht ausschließlich die verbal-kognitive, sondern auch die ganzheitlich-leibliche Dimension berücksichtigt. Mit ihrer Hilfe kann worthaft, bildhaft sowie leibhaft kommuniziert und dabei auf wahrhaftige und authentische Begegnungen Wert gelegt werden. Dabei sollte die menschliche Alltagswelt immer wieder ebenso umfassend in den Blick kommen wie die Zusage der Nähe und Treue Gottes, in der die unverbrüchliche Dignität aller Menschen (auch und in gewisser Weise sogar speziell von Menschen mit Demenz!) begründet liegt. Wo dies gelingt, erweist sich Verkündigung in mehrfacher Hinsicht als »Verbund-Größe«: In ihr werden unterschiedliche Kommunikationsmodi kombiniert und Immanenz sowie Transzendenz (menschliche Wirklichkeit und Gottes Wirken) zusammengeführt. Auf diese Weise findet »mehrperspektivisch bzw. multidimensional ausgerichtete Kommunikation im Akt der Begegnung« statt.

Kommunikationsdimensionen in Gottesdiensten mit dementiell Erkrankten

Worthafte Kommunikation Verbalkommunikation	**Verbale Kommunikation** Wörter und Sätze
Bildhafte Kommunikation Verbalkommunikation Symbolische Interaktion	**Paraverbale Kommunikation** Gefühle, mit denen wir anderen begegnen Stimme Tonfall Lächeln
Leibhafte Kommunikation Gestik, Mimik und Gebärden	**Nonverbale Kommunikation** Körpersprache Berührungen

Antje Stoffregen

1. »Vergiss mein nicht«

Gottesdienst für Menschen mit Demenz, Angehörige/Betreuende und die ganze Gemeinde in St. Nicolai, Lüneburg

Der Gottesdienst für Menschen mit Demenz, Angehörige/Betreuende und die ganze Gemeinde in St. Nicolai, Lüneburg

Persönliche Begrüßung

Die Gottesdienstteilnehmer(innen) werden am Eingang der Kirche mit Handreichung und freundlichen Worten begrüßt.

Musik zum Eingang

Der Posaunenchor sitzt gut sichtbar im Altarraum.

Begrüßung

Herzlich willkommen in diesem Gottesdienst!
Ich freue mich, dass wir heute hier in St. Nicolai gemeinsam Gottesdienst feiern.

Als Gemeinde Gottes gehören wir zusammen:
Kinder, Jugendliche und Erwachsene,
Menschen mit Demenz,
Angehörige, Betreuende – die ganze Gemeinde.

Es ist Sonntag, ein Tag zum Innehalten.
Was trägt uns im Leben?
Was gibt uns Kraft und Zuversicht?
Gott lädt uns ein, uns in diesem Gottesdienst stärken zu lassen
für unseren Alltag, für unser Leben.

Jesus spricht: »Ich bin bei euch alle Tage!«
Im Vertrauen auf diese Zusage feiern wir diesen Gottesdienst
im Namen des Vaters, des Sohnes

und des Heiligen Geistes.
Amen.

Lied
Lobet den Herren (EG 304,1–3+5)
Posaunenchor und Orgel im Wechsel

Gloria patri (EG 177.1)

Kyrie (EG 178.2)

Gloria in excelsis (EG 180.1)

Gebet (nach Psalm 139)
Gott, du kennst uns durch und durch.
Wo wir auch sind – du bist uns nahe.
Was wir auch denken oder sagen – dir ist es vertraut.
Wir können dich nicht sehen und doch bist du um uns.
Von allen Seiten umgibst du uns und hältst deine Hand über uns.
Verstehen und erklären können wir das nicht,
begreifen und erfassen können wir dich nicht.
Aber auf dich hören in deinem Wort,
mit dir reden im Gebet,
dich loben mit unserem Singen –
das können und wollen wir tun.
Segne uns mit deiner Gegenwart durch Jesus Christus
in der Kraft des Heiligen Geistes.
Amen.

Lesung: Jesaja 49,13–16a
»Freut euch, Himmel und Erde; jubelt, ihr Berge!«
Denn der Herr hilft seinem Volk, er hat Erbarmen mit den Unterdrückten.
Die Zionsstadt klagt: »Der Herr hat mich verlassen,
mein Gott hat mich vergessen!«
Doch der Herr sagt: »Bringt eine Mutter es fertig, ihren Säugling zu vergessen? Hat sie nicht Mitleid mit dem Kind, das sie in ihrem Leib getragen hat? Und selbst wenn sie es vergessen könnte – ich

vergesse euch nicht. Jerusalem, ich habe dich unauslöschlich in meine Hände eingezeichnet.«

Halleluja (EG 181.1)

Glaubensbekenntnis

Ich glaube an Gott,
den Vater, den Allmächtigen,
den Schöpfer des Himmels und der Erde.

Und an Jesus Christus,
seinen eingeborenen Sohn, unsern Herrn,
empfangen durch den Heiligen Geist,
geboren von der Jungfrau Maria,
gelitten unter Pontius Pilatus,
gekreuzigt, gestorben und begraben,
hinabgestiegen in das Reich des Todes,
am dritten Tage auferstanden von den Toten,
aufgefahren in den Himmel;
er sitzt zur Rechten Gottes,
des allmächtigen Vaters;
von dort wird er kommen,
zu richten die Lebenden und die Toten.

Ich glaube an den Heiligen Geist,
die heilige christliche Kirche,
Gemeinschaft der Heiligen,
Vergebung der Sünden,
Auferstehung der Toten
und das ewige Leben.
Amen.

Lied

Lob Gott getrost mit Singen (243,1–3+6)
Posaunenchor und Orgel im Wechsel

Predigt in vier Teilen

1. Teil

(mit Ansteckmikrofon direkt in der Gemeinde, vor und zwischen den ersten Bankreihen, frei gesprochen im »kommunikativen Stil« mit der Gemeinde)
Liebe Gemeinde!
Wir alle haben heute Morgen etwas mitgebracht.
Etwas Wertvolles, das uns schon das ganze Leben begleitet.
Ob wir 5 oder 8 Jahre alt sind, 15, 33,
ob wir 72 oder 94 Jahre alt sind,
es ist bei uns.
Es ist bei uns, wenn wir wachen und wenn wir ruhen,
es hilft uns etwas zu tun.
Ohne es wäre vieles schwieriger.

Vielleicht erraten Sie, was ich meine:
Wo ich auch bin, ich kann sie nicht vergessen, sie sind immer bei mir.
Ich habe zwei davon, heute Morgen haben sie mir beim Kämmen geholfen …
Ja, meine Hände.

Ich möchte Sie einladen, Ihre Hände einmal zu betrachten …
Zwei davon, glatt oder faltig …
Viel getan …
Kartoffeln geschält …
Geschrieben …
Gestreichelt …
In unseren Händen ist viel von dem zu sehen, was unser Leben gezeichnet hat:
Arbeit auf dem Feld oder im Garten, in der Küche, am Schreibtisch oder in der Werkstatt.
Unsere Hände könnten davon erzählen, was sie erlebt und getan haben.
Und es ist in ihnen eingezeichnet.
Unsere Hände vergessen nicht.

KEHRVERS VERGISS MEIN NICHT (siehe Anhang)

2. TEIL

(am Lesepult)
Unsere Hände sind immer bei uns.
Wir gebrauchen sie aber nicht nur für uns selbst.
Hände sind auch eine Brücke zu anderen Menschen.
Wenn wir einander die Hände reichen wird das deutlich.
Sich begrüßen, die Hand ausstrecken, eine Hand ergreifen – dabei wird die Brücke deutlich, die wir bauen.
Automatisch sehen wir uns dabei an, spüren den anderen Menschen an unserer Seite, fühlen die warme oder auch kältere Hand und sind miteinander verbunden.

Wenn Sie mögen, reichen Sie Ihrer Nachbarin, Ihrem Nachbarn einmal die Hand.
(einander die Hände reichen, sich dabei anschauen, in Kontakt kommen)

Menschen an unserer Seite brauchen wir.
Menschen, die uns nahe sind.
Menschen, die ein offenes Ohr für uns haben.
Menschen, die zufassen, wenn wir eine stützende Hand brauchen.
Wir brauchen Menschen, die uns nicht vergessen,
Menschen, die uns zeigen, dass sie uns mögen.
Menschen, die uns die Hand reichen.

Wo Menschen einander die Hände reichen,
da sind sie verbunden und vergessen sich nicht.

KEHRVERS VERGISS MEIN NICHT

3. TEIL

Im Buch Jesaja sagt Gott: »Siehe, in die Hände habe ich dich gezeichnet.«
Er vergisst uns nicht. Selbst wenn das passiert, was man sich eigentlich gar nicht vorstellen kann: dass ein Mutter ihren Säugling vergisst. Unvorstellbar.

Doch selbst wenn so etwas geschehen sollte – Gott sagt: ich vergesse dich nicht.
Ich habe dich in meine Hand eingezeichnet.

Ein schönes Bild.
Gott hat sich uns in seine Hände gezeichnet.
Wir sind ihm nahe, er vergisst uns nicht.
Egal, was geschieht: wir sind in Gottes Hand gezeichnet.
Wenn ich das höre, dann denke ich an die Hände von Jesus.
Er hat mit seinem ganzen Leben gezeigt, dass Gott niemanden vergisst.
Er hat mit seinen Händen geheilt, geholfen, getragen, gesegnet.
Und am Ende trugen seine Hände Nägelmale als Zeichen der Nähe Gottes zu uns.
Das Kreuz ist das Erinnerungszeichen der Liebe Gottes.
Darum werden wir bei unserer Taufe mit dem Kreuz gesegnet.
Als Zeichen dafür, dass wir zu Gott gehören.

Wenn Sie mögen, zeichnen Sie sich selbst oder gegenseitig ein Kreuz in Ihre Hand.
In Gottes Hände sind wir gezeichnet. Er vergisst uns nicht.
(sich selbst oder einander ein Kreuz in die Hand zeichnen)

Kehrvers Vergiss mein nicht

4. Teil
Gott vergisst uns nicht. Darauf können wir vertrauen.
Gott hat uns in seine Hände gezeichnet.
Wir Menschen vergessen manchmal etwas.
Nicht nur den Schlüssel …

Darum schenken wir uns heute gegenseitig eine Erinnerungshilfe.
Als Schlüsselanhänger oder für die Jacke,
das Portemonnaie oder anderes.
(Vergissmeinnicht-Schlüsselanhänger werden verteilt während an der Orgel die Melodie des Kehrverses gespielt wird – und evtl. mit gesummt oder gesungen wird)

Vielleicht kennen Sie den alten Spruch aus dem Poesiealbum:
»Rosen, Tulpen, Nelken, alle Blumen welken.
Nur das eine Blümlein nicht, welches heißt: Vergiss mein nicht.«
(langsam und ggf. zum Mitsprechen anregend sprechen)

Das Vergissmeinnicht steht für die Treue.
Ich lade Sie ein, die Blume, das Vergissmeinnicht,
in Ihre Handinnenfläche zu legen.
Spüren sie die Wärme, die davon ausstrahlt …

Dieses Vergissmeinnicht soll uns daran erinnern:
Gott spricht: »Ich habe dich in meine Hand gezeichnet.
Ich vergess dich nicht.«
Darauf können wir vertrauen.
Amen.

Kehrvers Vergiss mein nicht

Abkündigungen

Musik des Posaunenchors

Fürbitten

Wir danken dir, treuer Gott, dass wir deine Zusage haben:
»Ich bin bei euch alle Tage«.
Wir bitten dich, dass wir daran festhalten – gerade auch an den Tagen, die uns nicht gefallen.
Tage, an denen wir hoffen, sie mögen schnell vergehen.
Wochen, für die unsere Kraft nicht ausreicht.
Zeiten, unter denen wir leiden.
Schenk uns die Erfahrung, dass du uns trägst und hältst.
Wir bitten dich gemeinsam: Herr, erbarme dich.

Barmherziger Gott, du hast uns eingeladen, mit unseren Bitten zu dir zu kommen.
Das tun wir und beten für die Menschen, die sich vergessen fühlen,
für die, die sich einsam und verlassen vorkommen,
für die, die mit sich und anderen im Unfrieden leben.

Lass sie erfahren, dass du niemanden vergisst,
und sei ihnen nahe mit deinem Frieden.
Wir bitten dich gemeinsam: Herr, erbarme dich.

Wir beten für die Menschen, die mehr Sorgen und Not haben, als sie verkraften,
die unter Schmerzen leiden, die an die Grenzen ihrer Kraft und Geduld stoßen,
die unter schweren Lasten seufzen.
Lass sie erfahren, dass du niemanden vergisst und schenk ihnen deine Kraft.
Wir bitten dich gemeinsam: Herr, erbarme dich.

Wir beten für die Menschen, die dich vergessen haben,
die glauben, sie müssten alles allein schaffen.
Die alles nur aus eigener Kraft meistern wollen ohne deine Hilfe und deinen Segen.
Lass sie erfahren, dass du niemanden vergisst und begegne ihnen mit deiner Liebe.
Wir bitten dich gemeinsam: Herr, erbarme dich.

Weil du, gnädiger Gott, uns nicht vergisst, hilf auch uns,
einander nicht zu vergessen.
Gib uns Augen, die den Nächsten sehen,
Füße, die Wege mitgehen,
Hände, die stützen und helfen,
Ohren, die zuhören können,
und ein Herz für den Menschen, der uns braucht.
Wir bitten dich gemeinsam: Herr, erbarme dich.

Vater unser

Vater unser im Himmel.
Geheiligt werde dein Name.
Dein Reich komme.
Dein Wille geschehe,
wie im Himmel so auf Erden.
Unser tägliches Brot gib uns heute.
Und vergib uns unsere Schuld,

wie auch wir vergeben unsern Schuldigern.
Und führe uns nicht in Versuchung,
sondern erlöse uns von dem Bösen,
denn dein ist das Reich und die Kraft
und die Herrlichkeit in Ewigkeit.
Amen.

Lied

Komm, Herr, segne uns (EG 170,1)
Posaunenchor und Orgel im Wechsel

Segen

Der Herr segne dich und behüte dich!
Der Herr lasse sein Angesicht leuchten über dir und sei dir gnädig!
Der Herr erhebe sein Angesicht auf dich und schenke dir Frieden.
Amen.

Musik zum Ausgang

Im Anschluss an den Gottesdienst sind die Teilnehmenden im Seitenschiff der Kirche zu Begegnung und Gespräch bei Kaffee und Tee eingeladen.

Konzeptionelle Überlegungen

Einleitung

Seit Mai 2008 werden im Kirchenkreis Lüneburg im Frühjahr und Herbst Gottesdienste mit Demenzkranken, ihren Angehörigen, den Betreuenden und der Gemeinde gefeiert. Sie werden in Kooperation mit der Alzheimer-Gesellschaft, der St. Nicolai-Gemeinde und der Seelsorge in der Psychiatrischen Klinik von folgendem Team vorbereitet und gestaltet:

- Diakonin Antje Stoffregen (federführend), Seelsorgerin in der (Geronto-)Psychiatrischen Klinik Lüneburg.
- Pastor Eckhard Oldenburg, Gemeindepastor in St. Nicolai Lüneburg.

- Angelika Reitberger, ehrenamtliche Mitarbeiterin der Alzheimer-Gesellschaft Lüneburg.

Entstanden ist die Idee nach einer Anfrage der Alzheimer-Gesellschaft, aus der im Laufe der Zeit das hier dargestellte Gottesdienstmodell entwickelt wurde. Die meisten Demenzkranken leben in ihren Familien. An Gemeinde-Gottesdiensten nehmen sie in Abhängigkeit vom Stadium der Erkrankung eher selten teil. Angehörige sind unsicher, ob sie mit ihnen an einem normalen Gottesdienst teilnehmen können. Das Angebot der Gottesdienste für Menschen mit Demenz, ihre Angehörigen/Betreuenden und die ganze Gemeinde in Lüneburg nimmt diese Situation auf. Zweimal jährlich feiern wir in einer der großen Stadtkirchen Lüneburgs unter dem Gewölbe von St. Nicolai diesen Gottesdienst, erleben das große Glockengeläut, den Klang der Orgel – manchmal auch die andere Temperatur als die des Wohnzimmers oder des Speisesaals einer Altenhilfe-Einrichtung. Wir erleben hier eine intensive Gemeinschaft mit Gott und den Menschen. Die musikalische Gestaltung der Gottesdienste durch Orgelmusik, Begleitung des Gemeindesgesangs und Mitgestaltung von Kinderchören, Kantoreien, Flöten- oder Posaunenchören hat einen wichtigen Stellenwert.

1. Zielsetzungen des Gottesdienst-Modells

1.1 Orientierung, Vergewisserung und Stärkung ermöglichen

Gottesdienste mit dementiell erkrankten Menschen haben die große Chance, in der durch die Krankheit entstandenen existenziellen Verunsicherung einen Raum der Geborgenheit, der Vergewisserung und der Zusage Gottes zu schenken. Die spirituellen Bedürfnisse von Menschen mit Demenz unterscheiden sich nicht von anderen Menschen, sie sind demenzbedingt jedoch stärker ausgeprägt. Andrea Fröchtling hat die Bedürfnisse von Menschen mit Demenz in Bezug auf Glaube und Spiritualität folgendermaßen zusammengestellt:

»a) Glaube wird auch während des Krankheitsverlaufs beigehalten, die Glaubensintensität ist im Vergleich zum Leben vor der Demenz nicht abgeschwächt;

b) Religion und Glaube gehören weiterhin zu zentralen ›life values‹ …
c) Gott wird nach wie vor um Führung und Hilfe gebeten und
d) Gott wird als Lebenskraft beschrieben.
e) Das Gefühl von Gott niemals allein gelassen zu werden, verschafft Trost und Sicherheit.«[1]

Verschiedene Untersuchungen haben deutlich gemacht, dass sich »gelebte Religion und Spiritualität positiv auf die gefühlte Lebensqualität von (dementen) Menschen auswirkt.«[2]

Menschen mit Demenz sind durch die zunehmende Auflösung von bewährten Verhaltensmustern, Beziehungen, Strukturen und der eigenen Persönlichkeit in besonderem Maße auf seelische Unterstützung angewiesen. Gottesdienste mit dementiell erkrankten Menschen sollen Ruhe in der Unruhe, Stärke in der Schwäche, Ordnung im Chaos und Zuspruch in der Unsicherheit geben. Dies gilt gleichermaßen auch für pflegende Angehörige und Betreuende. Auch deren Situation ist von heftigen Verunsicherungen geprägt. Überlastung und eine mögliche soziale Isolation sind nicht selten zu beobachten. Gottesdienste mit Angehörigen und Betreuenden von dementiell erkrankten Menschen sind eine gute Möglichkeit, der Isolation entgegenzuwirken und unter Gottes Segen neue Kräfte zu erhalten.

Wenn sich die religiösen und spirituellen Bedürfnisse von Menschen mit und ohne Demenz nicht grundsätzlich, sondern lediglich durch die stärkere Ausprägung bei dementiell erkrankten Menschen unterscheiden, dann ist es nicht unbedingt nötig, für diese Zielgruppe einen gesonderten Gottesdient zu gestalten, wie es in Einrichtungen der Altenhilfe häufig üblich ist. Da die meisten dementiell erkrankten Menschen zuhause leben und gepflegt werden, ist ein gemeinsam gefeierter Gemeindegottesdienst sowohl für die Demenzkranken als auch für die sie Betreuenden eine Möglichkeit, an Gottesdiensten teilzunehmen.

Die Situation der Pflege und Betreuung von Menschen mit Demenz braucht in den Gottesdiensten nicht speziell thematisiert werden. Dennoch ist es wichtig, sie in den Gottesdienstthemen zu

1 Fröchtling, Annette: »Und dann habe ich auch noch den Kopf verloren«, 289.
2 Ebd.

berücksichtigen und z. B. in den Fürbitten aufzunehmen. Dabei gilt, was Jochen Arnold folgendermaßen formuliert: »Lebendige Liturgie, die die Menschlichkeit Gottes feiert, ist nur dann menschenfreundlich, wenn sie anschlussfähig ist an das Leben und die Sprache heutiger Menschen. (…) Gottesdienste sollen die großen Fragen und Themen heutiger Menschen aufnehmen (Relevanz), sie aber auch entschieden ins Licht Gottes stellen (Transzendenzbezug). (…) In den Gottesdienst kommen Menschen auch, weil sie wissen wollen, wie sie ›mit Gott dran‹ sind. Es geht also nicht nur um Information, sondern um eine Transformation ihres Lebens durch die Begegnung mit Gott. Was im Gottesdienst geschieht, soll sie ›unbedingt angehen‹ (Tillich), ohne dass in trivialer Weise nur das wiederholt wird, was man auch in den Medien oder in der Literatur über sich und diese Welt erfahren kann. Dahinter verbirgt sich nicht nur die Frage nach dem Sinn des Lebens im Hier und Jetzt, sondern auch nach letzter Gewissheit, d. h. nach der ewigen Wahrheit Gottes oder schlicht: die Frage nach Heil und ewigem Leben.«[3]

Die Erfahrung in Lüneburg hat gezeigt, dass Angehörige und Betreuende nicht durch die Thematik Demenz angesprochen werden, wohl aber durch die Gestaltung der Gottesdienste, die anschaulich, sinnlich und stärkend sein wollen. Das gemeinsame Feiern, das gemeinsame Singen und Beten und nicht zuletzt die Erfahrung, gemeinsam von Gottes Segen gestärkt zu werden, wird in Gesprächen mit Angehörigen und Betreuenden immer wieder als stützend und stärkend benannt.

Dabei erleben die Angehörigen und Betreuenden ihre dementiell erkrankten Partner oder Eltern in einer anderen Situation. Manche sind verwundert über die plötzlichen Kompetenzen, die sich beim Singen zeigen und freuen sich an den strahlenden Augen beim Reichen der Hände oder Bestaunen des »Vergissmeinnicht«. Immer wieder weicht die demenztypische Unruhe in den Gottesdiensten einer großen Ruhe. Angehörige erleben an ihren zu Pflegenden, das ihnen das Singen und Beten bekannter Lieder und Gebete gut tut und sie beruhigt. Diese Erfahrung kann in den häuslichen Alltag übertragen werden.

3 Arnold, Jochen: Was geschieht im Gottesdienst? Zur theologischen Bedeutung des Gottesdienstes und seiner Formen, 26 f.

Von entscheidender Bedeutung ist die Authentizität der Handelnden im Zusammenhang mit der Gestaltung der Gottesdienste. Bei aller Elementarisierung darf die Gestaltung nicht trivial sein. Worte, Symbole, Rituale, Lieder, Musik und Gebete müssen dem Anspruch eines Gottesdienstes für alle gerecht werden.

1.2 Teilhabe und Gemeinschaft fördern

Gottesdienste für Menschen mit und ohne Demenz ermöglichen gesellschaftliche Teilhabe. Die Situation der Isolation vieler Familien, die von Demenz betroffen sind, wird offen aufgenommen und Betroffene spüren: Kirche nimmt uns wahr! Gleichzeitig wird durch einen regelmäßigen inklusiven Gottesdienst auf die gesellschaftliche Herausforderung der Demenz hingewiesen. Hier werden exemplarisch Teilhabe und Gemeinschaft ermöglicht.

Für die Einrichtungen der Altenhilfe ist die Teilnahme von Demenzkranken an den Gottesdiensten mit großem organisatorischem und personellem Aufwand verbunden. Im Laufe der Jahre haben in Lüneburg viele Einrichtungen den Gottesdienst als »Highlight« entdeckt. Die Einrichtungsleitungen berichten, dass der »Aufwand« aber durch die Reaktionen der Bewohner und Bewohnerinnen aufgewogen wird. Die Teilnahme von immer mehr Einrichtungen zeigt, dass das Angebot einem Bedarf entspricht.

Die Begegnung wird aber auch von der »Gemeinde« geschätzt. Immer wieder höre ich, dass die Gottesdienste von ihrer Gestaltung her sehr positiv und ansprechend erlebt werden – sowohl von regelmäßigen Gottesdienstteilnehmer(innen) als auch von eher »Kirchenfernen«.

Entscheidend bleibt, dass die Gestaltung und Atmosphäre für alle einladend und ansprechend ist. Ort (Stadtkirche) und Zeit (Sonntag 10.00 Uhr) helfen ebenfalls dazu, dass der »Gottesdienst für Menschen mit Demenz, ihre Angehörigen und Betreuenden – und die ganze Gemeinde« kein isoliertes Zielgruppen-Angebot wird.

1.3 Potentiale entdecken und zur Wirkung bringen

Wichtig erscheint mir in diesem Zusammenhang die Beobachtung, dass es die gemeinsame Feier des Gottesdienstes ermöglicht, die Hilflosigkeit im Umgang mit dementiell erkrankten Menschen zu minimieren. Beim gemeinsamen Singen, beten, salben oder segnen bietet der Gottesdienst Hilfestellung zur Begegnung und eine gute Möglichkeit, Barrieren abzubauen. Menschen mit Demenz und manchmal auch ihr Verhalten fordern uns heraus. Es geht darum, dass wir die Begegnung suchen und Hilfen zur Kommunikation anbieten bzw. annehmen. In allen Gottesdiensten haben wir die Erfahrung gemacht, dass die Beteiligten einander mit diesen Hilfen ohne Scheu wahrgenommen haben und Begegnung stattfinden konnte. Entscheidend in der Begleitung dementiell erkrankter Menschen ist das Entdecken und Wirkenlassen der gesunden Anteile. Es geht nicht darum zu schauen, was krank ist, sondern darum, die Potentiale wahrzunehmen. Meines Erachtens ist das nicht nur bei dementiell erkrankten Menschen so. Als Menschen leben wir von unseren Potentialen. Diese gilt es zur Wirkung zu bringen – auch in der Begegnung zwischen kranken und gesunden Menschen. Jesus selbst hat die Menschen, denen er begegnet ist, nie auf ihre Schwächen, sondern zumeist auf ihre Stärken angesprochen, egal welche Sorgen, Krankheiten oder Nöte sie hatten. Er hat Wasser zu Wein verwandelt, damit das Fest nicht zu Ende ist; er hat den Glauben der Menschen erlebt und sie geheilt, er hat die Gaben der Kinder und Frauen wahrgenommen und sie zur Wirkung gebracht.

Wo das in einer Gottesdienst-Gemeinschaft geschieht, zählt nicht gesund oder krank, stark oder schwach, alt oder jung. Alle Menschen haben Potentiale, die durch die Menschenfreundlichkeit Gottes zur Wirkung kommen können.

2. Gestaltung der Gottesdienste

Bei der Gestaltung der Gottesdienste wird Wert auf eine kommunikative Atmosphäre mit traditionellen und sinnlichen Gestaltungselementen gelegt. Folgende Einsichten sind dafür grundlegend:

2.1 Kommunikation im Gottesdienst als Lebensäußerung

Jeder Gottesdienst lebt von der Kommunikation. Als Gemeinschaftsfeier mit Gott und den Menschen ist das gemeinsame Feiern, Reden und Hören, Singen und Beten eine Lebensäußerung, die über den einzelnen Menschen hinausweist. Dabei ist es von Bedeutung, dass die Kommunikation im Gottesdienst sich an den Menschen, die ihn feiern, orientiert. Kommunikation geschieht im Gottesdienst durch verschiedene Elemente: Raum und Atmosphäre, Begegnung, Sprache, Musik, sinnliche Erfahrungen, Worte, Symbole, Rituale, Gemeinschaft u. ä.

2.2 Raum und Atmosphäre

Besonders eindrucksvoll ist zu erleben, welche starke Wirkung der Kirchenraum für Menschen mit Demenz darstellt. Hier werden Erinnerungen wach an Taufe, Konfirmation und Trauung – Schnittstellen im Leben von Menschen. »Wie schön, hier in der Kirche zu sein«, sagte eine alte Dame beim Betreten der Kirche, »hier habe ich doch immer gesungen!« Solche und ähnliche Sätze hören wir immer wieder, wenn die Gottesdienst-Teilnehmenden in die Kirche kommen.

2.3 Begegnung/Begrüßung

Jede Begegnung mit einem Demenzkranken ist eine neue Situation. Sich einfühlen bedeutet, bei jeder Begegnung neu in die jetzt gerade erlebte Welt des dementen Menschen hineinzublicken und dennoch »Ich im hier und jetzt« zu bleiben. Dies ist eine große Herausforderung, zumal demente Menschen ein gutes Gespür für die Authentizität des Gegenübers haben. »Demente Menschen haben … einen siebten Sinn … Mit feinen Antennen erspüren sie Äußerungen, die nicht wahrhaftig sind und halten uns einen unerbittlichen Spiegel vor.«[4]

In unseren Gottesdiensten legen wir Wert darauf, am Eingang der Kirche jede Einzelne, jeden Einzelnen persönlich, mit Hand und – wenn möglich – mit Namensnennung zu begrüßen. Diese direkte Kommunikationsform ermöglicht eine wahrnehmbare und intensive Begegnung. » Ein dementer Mensch fühlt sich geachtet, wenn wir seinen Wunsch nach orientierender Kontaktaufnahme erkennen und stillen.«[5]Dabei zeigt der Blickkontakt *»Ich bin da!«* und die Berührung der Hand (mit der Namensnennung) *»Sie sind gemeint!«*.

2.4 Sprache

Die christliche Religion, und im Besonderen der Protestantismus, ist durch das Wort geprägt. Zentrale Bedeutung hat somit in evangelischen Gottesdiensten die Predigt. Doch auch bei Lesungen und Gebeten hat das Wort und die Sprache eine wichtige Funktion. Die

4 Leuthe, Friederike: Richtig sprechen mit dementen Menschen, 70.

5 Leuthe, a. a. O., 73.

sprachliche Kommunikation mit dementen Menschen muss deutlich, einfach und frei von Mehrdeutigkeiten oder indirekten Äußerungen gestaltet sein. Auffällig ist, in welcher Komplexität und Intensität demente Menschen Gedichte, Lieder und Gebete mitsprechen können. Sprache bekommt hier ihren Wert vor allem durch Erinnerung und Wiedererkennung. Auch wenn der Inhalt oft nicht mehr direkt entschlüsselt werden kann, bilden altbekannte Texte eine Art Heimat, die in Sprache, Melodie und Rhythmus wohltuend sein kann. Deshalb erscheint es mir wichtig, bekannte Texte (wie z. B. Psalmverse) möglichst in ihrer traditionellen Übersetzung zu belassen, schwer verständliche, unbekannte Texte (wie z. B. Jesaja 49, 13–16a) jedoch in einer Übersetzung in Leichter Sprache zu verwenden.

Ebenfalls von Bedeutung ist die Art des Sprechens. Dabei sind das Sprechtempo, die Tonlage, der Rhythmus und die Melodie bewusst als Möglichkeit basaler Stimulation in angemessener Abwägung und unter Beibehaltung der Authentizität einsetzbar. Kurze Sätze und eine klare Modulation können Verständlichkeit und Wahrnehmung von Sprache erleichtern. Dies gilt für alle Textteile: Begrüßung, Predigt, Gebete etc. Wenn der Inhalt einer sprachlichen Äußerung von Menschen mit fortgeschrittener Demenz nicht mehr entschlüsselt werden kann, stellt sich die Aufgabe, auch andere Wege der Kommunikation in der Begegnung mit Demenzkranken zu finden.

2.5 Musik

Musik und besonders das Singen sind seit jeher fester Bestandteil evangelischer Gottesdienste. Klage und Lob, Verkündigung und Gemeinschaft finden im gottesdienstlichen Singen ihren Ausdruck.

Die Musikgeragogik hat herausgestellt, dass durch Musik eine besondere Atmosphäre für dementiell erkrankte Menschen geschaffen werden kann. »Sie schafft Entspannung, Neugier, Bewegung, Genuss, Erinnerung, Emotion, Aktivität …«[6] Beim Singen von bekannten Liedern können dementiell erkrankte Menschen aktiv am gemein-

6 Hartogh, Theo: Die Bedeutung von Musik in Pflege und Begleitung von dementiell erkrankten Menschen, in: Die Würde erleben lassen. Tagungsdokumentation des EEB-Forums am 26.2.2010 in Hannover, 28.

schaftlichen Leben teilhaben. Der reiche Schatz an Liedern, die dementiell erkrankte Menschen zur Verfügung haben, kann durch wenige Impulse gehoben werden. Ebenso ist es möglich, neue, kurze und leicht eingängige Kehrverse im Gottesdienst zu singen. Als wiederholte Unterbrechung des Predigtteils können solche Kehrverse mit einer Textzeile das Gesagte vertiefen. Wo Worte fehlen, können Melodien die Worte erinnern oder im Mitsummen das Gefühl von Gemeinschaft mit Gott und den Menschen fördern.

Die Erfahrungen unserer Gottesdienste in der St. Nicolai-Gemeinde in Lüneburg sind im Bezug auf die Musik besonders eindrücklich. Das Singen, die Mitwirkung von Kinderchor, Posaunenchor, Kantorei und Orgel – alle musikalischen Gestaltungselemente wurden von den Gottesdienstteilnehmenden sehr positiv und intensiv aufgenommen. Gerade durch diese Klänge können bei dementiell erkrankten Menschen tief verwurzelte Emotionen geweckt werden und Geborgenheit vermitteln.

2.6 Predigt in Wort, Symbol und Ritual

Neben der Musik bilden Wort, Symbole und Rituale in unseren Gottesdiensten einen wichtigen Bestandteil. Meiner Erfahrung nach können Wort, Symbol und Ritual gut verbunden werden und anschauliche und sinnliche Erfahrungen ermöglichen. Symbole sollten klar erkennbar sein und in ihrer Bildkraft elementar – nicht überfrachtend – dargestellt werden. Rituale sollen nicht überfordern, sondern einladend und leicht verständlich angeboten werden. Eine gut durchdachte Konzeption von Wort, Symbol und Ritual stellt eine wunderbare Möglichkeit der Seelsorge für dementiell erkrankte Menschen dar. Das Wort wird im Symbol anschaulich und im Ritual erfahrbar. Beispiel:

> Wort: »Gott hat uns in seine Hände gezeichnet – er vergisst uns nicht«
> Symbole: Hand und Vergissmeinnicht
> Ritual/Aktion: Hände betrachten, Hände reichen, Kreuz in die Hand zeichnen, Vergissmeinnicht (Schlüsselanhänger) in die Hand legen

Wenn die herkömmliche Predigt in erster Linie den Verstand anspricht, so werden in dieser Form der Predigt Emotionen geweckt, die eine Beziehung zum Du Gottes ermöglichen können. Mit Herzen, Mund und Händen soll das Reden von und mit Gott erlebbar sein.

2.7 Weitere Erfahrungen und Einsichten zur Gottesdienst-Gestaltung

Zeitrahmen:
Der Zeitrahmen von ca. 45 Minuten erscheint auch angesichts der Tatsache, dass viele Menschen bereits sehr früh in der Kirche sind, als Höchstmaß. Darauf gilt es auch in der Einbeziehung von Chören zu achten.

Rollen:
Im Gottesdienstverlauf sollen die Rollen der Mitwirkenden klar sein. Die Gestaltung des Gottesdienstes durch wenige Personen erleichtert die Konzentration und Ansprache.

Beziehung:
Die direkte Ansprache der Gottesdienstteilnehmer(innen) erleichtert die Kontaktaufnahme und befördert eine angenehme Atmosphäre.

Aktionen:
Aktionen im Gottesdienst müssen klar strukturiert, einladend und verständlich angesagt werden, um Unruhe und Unsicherheit zu vermeiden.

Gemeinschaft:
Die Förderung des Kontaktes der Gottesdienstteilnehmer(innen) untereinander muss offen und einladend sein, um positive Gemeinschaftserlebnisse zu ermöglichen.

Sinnliche Elemente:
Die Ansprache über die Sinnesorgane ist ein wesentlicher Bestandteil der Gottesdienste. Über die Sinne Augen, Ohren, Nase, Mund und Haut können Menschen mit und ohne Demenz einen Zugang zu Erin-

nerungen, biblischen Texten und Glaubenserfahrungen finden. Sinnliche Elemente müssen jedoch jeweils ausgewogen eingesetzt werden (keine Überfrachtung mit Symbolen oder Sinnesreizen).

Erinnerungen:
Ein »Mitgebsel« wird gerne angenommen und fördert das Erinnern an den Gottesdienst.

Lebenswelten der Generationen wahrnehmen:
Das Zusammensein verschiedener Generationen ist im »inklusiven« Ansatz des Gottesdienstes eigentlich selbstverständlich. Trotzdem gilt es, immer wieder darauf zu achten, dass die Lebenswelten der unterschiedlichen Generationen im Gottesdienst Raum finden. Gute Erfahrungen haben wir damit gemacht, Kinderchöre für die Mitwirkung einzuladen. So kann die Begegnung und das gemeinsame Feiern von Kindern, den begleitenden Eltern, dementiell Erkrankten, Pflegenden, Angehörigen – also der ganzen Gemeinde – gefördert werden.

Inklusion:
Es erscheint mir wichtig, kontinuierlich zu überprüfen, ob die Menschen in den verschiedenen Lebenslagen mit der Gestaltung angesprochen werden: elementar, aber nicht kindisch, lebensnah, aber nicht trivial. Diese Prüfung ist im Besondern im Blick auf die »Inklusion« von Bedeutung. Dabei möchte ich den Anspruch wahren, den Wolfgang Huber im Zusammenhang des Reformprozesses der EKD in seinem Hauptvortrag in Wittenberg folgendermaßen formuliert hat:

> »Wir wollen den öffentlichen, nach außen gewandten Charakter des Gottesdienstes neu zur Geltung kommen lassen. Dafür wollen wir an seiner inneren Kraft und Qualität, an der Anmut und dem Glanz unserer Gottesdienste arbeiten. Dass Gottesdienste zum Lob Gottes gefeiert werden, dass sie Glauben wecken und im Glauben stärken, soll neu zum Bewusstsein kommen.«[7]

7 Huber, Wolfgang: Evangelisch im 21. Jahrhundert, 183 f.

3. Erfahrungen und Einsichten zum Gottesdienstmodell

3.1 Die Zielgruppe »Menschen mit Demenz, Angehörige und Betreuende«

Mit dem Gottesdienstmodell konnten wir eine Zielgruppe ansprechen, die sich in unserer Gesellschaft an vielen Stellen zurückzieht und isoliert. Noch immer ist die Situation von Menschen mit Demenz und ihrem Umfeld eine gesellschaftliche Herausforderung. Ängste und Rückzugstendenzen sind auf allen Ebenen zu beobachten. Das Gottesdienstmodell kann dieser Situation entgegenwirken und Möglichkeiten der Wahrnehmung, der Begegnung und der Einbeziehung anbieten. Die Kontinuität und Verlässlichkeit des Gottesdienstangebotes und der Gestaltung hat dazu geführt, dass die Zahl der Gottesdienstteilnehmenden von anfangs ca. 80 auf inzwischen 250 Personen stetig gestiegen ist. Für uns ist dies ein Zeichen für die Bedeutung und Wertschätzung des Gottesdienstes.

3.2 Vernetzung und Kooperation

Im Laufe der Jahre ist eine gute Vernetzung entstanden: innerkirchlich zwischen der St. Nicolai-Gemeinde und der Seelsorge in der Psychiatrischen Klinik und über den kirchlichen Bereich hinaus mit der Alzheimer-Gesellschaft Lüneburg. Das Zusammenwirken und der kontinuierliche Austausch über die Erfahrungen, sowie die Mitwirkung von Ehrenamtlichen der Alzheimer-Gesellschaft und der Nicolai-Gemeinde (z. B. beim Kirchenkaffee) haben die Wahrnehmung und Zusammenarbeit befördert. In dieser Vernetzung liegt die besondere Chance, auch Menschen für die Mitarbeit zu gewinnen, die sich ansonsten kaum von kerngemeindlichen Angeboten ansprechen lassen. Darüber hinaus ist durch die Mitwirkung und kontinuierliche Werbung für den Gottesdienst in der Fachgruppe Gerontopsychiatrie des sozialpsychiatrischen Verbundes im Landkreis Lüneburg eine gute Vernetzung mit den Einrichtungsleitungen der Altenhilfe entstanden. Meines Erachtens ist es für die Kirche unumgänglich, die innerkirchliche Vernetzung verschiedener Gemeinden und Einrichtungen, sowie die Vernetzung mit anderen Institutionen weiter auszubauen. Dies gilt gleichermaßen für die Einrichtungen der Altenhilfe sowie anderer Institutionen in unserer Gesellschaft. Wichtig erscheint mir dabei, die jeweiligen Kompetenzen zu nutzen, das Konkurrenzdenken abzubauen und die Freude am Zusammenwirken zur Entfaltung kommen zu lassen.

3.3 Bedeutung und Wirkung

Wir haben die Erfahrung gemacht, dass die Gottesdienste mit Menschen mit Demenz, ihren Angehörigen und Betreuenden und der ganzen Gemeinde Wirkung zeigen:

Sie schaffen Wahrnehmung und Bewusstsein für die Situation von Menschen mit Demenz und ihren Angehörigen und Betreuenden.

Sie machen aufmerksam auf eine Situation, die zu unserer gesellschaftlichen und gemeindlichen Realität gehört.

Sie laden ein, dass Menschen sich in der Gemeinschaft der Glaubenden aufgehoben wissen und die Menschenfreundlichkeit Gottes erfahren.

4. Reaktionen

Am Tag nach dem oben dargestellten Gottesdienst stand folgendes in der Landeszeitung für die Lüneburger Heide:

> »Ute Soldan möchte über das LZ-Lesertelefon ein großes Lob loswerden – an die Veranstalter eines besonderen Gottesdienstes für Menschen mit Demenz am Sonntag in St. Nicolai. ›Wir waren gemeinsam mit drei Bewohnerinnen aus dem Lüner Hof da. Ich bin ansonsten keine Kirchgängerin, aber der Gottesdienst war wirklich ganz toll gemacht‹, sagt sie. ›Alle Sinne wurden angesprochen, das war von vorne bis hinten gut durchdacht.‹«

Reaktion einer Einrichtungsleiterin:

> »Vielen Dank für den gestrigen Gottesdienst. Es hat unseren Bewohnern und Mitarbeitern gut gefallen! Es war schön zu sehen, wie die kirchliche Atmosphäre auf unsere Menschen mit Demenz gewirkt hat und wie viele Gefühle geweckt worden sind. Eine Bewohnerin weinte nach dem Gottesdienst und erzählte mir, dass ihr Mann 50 Jahre im Kirchenchor gesungen hat, und sie hat ihn da vorne gesucht und nicht gefunden … Aber sie freute sich

auch über die vielen Erinnerungen, die durch die Musik wachgerufen wurden. Wir sehen dem nächsten Gottesdienst schon mit Freude entgegen!«

Aus einem Kommentar der Vorsitzenden der Alzheimer-Gesellschaft Lüneburg:

»Demenzkranke Menschen sind in der Regel in ihrer zeitlichen, räumlichen, situativen und persönlichen Orientierung beeinträchtigt und können sich nur kurze Zeit konzentrieren. Ihr Altgedächtnis bleibt am längsten erhalten. Diesen Krankheitsphänomenen wird bei der Gottesdienstgestaltung Rechnung getragen. Der Gottesdienst fällt zeitlich und inhaltlich kürzer aus als ein normaler Hauptgottesdienst, er ist orientierungsfreundlich durch einen klaren, gleich bleibenden, festen Ablauf und durch äußere Gegebenheiten, die mittels des Altgedächtnisses wieder erkennbar sind. Die Gottesdienste in der St. Nicolai-Kirche in Lüneburg sind eine beeindruckende Mischung von Kranken und Gesunden, Begleitpersonen, HelferInnen, Kindern, KonfirmandInnen, Gemeindegliedern und Zufallsgästen jeden Alters. Sie alle in demselben Gottesdienst, das glaube ich macht das Besondere dieses Gottesdienstes aus, dieses ganz selbstverständlich wirkende Miteinander, die zugleich konzentrierte und entspannte, ernste und festliche Atmosphäre. Frau Stoffregen und dem Vorbereitungsteam der Gottesdienste war es besonders wichtig, keinen speziellen Gottesdienst für Demenzkranke und deren Angehörige zu konzipieren. Wir wissen alle irgendwie, dass ein ausgrenzendes Verhalten nicht richtig ist. Eine Kirchengemeinde ist ein Ort, wo sich zeigen muss, dass Menschen zusammengehören, füreinander da und verantwortlich sind.

Diese Gottesdienste empfinde ich wie ein konkretes Lehrstück darüber, worauf es im Umgang miteinander ankommt und was das Menschliche daran ist. Zusammenzugehören und dazuzugehören ist für alle Menschen sehr wichtig. Damit ist viel mehr gemeint, als das bloße Zusammensein in demselben Kirchraum. Das zeigt sich an den Teilnehmer(innen), die geholt und gebracht werden. Einen Gottesdienst unter sich können die Kranken vielleicht auch in einem Heim haben. Genauso wie die anderen Teilnehmenden in einem Sonntagsgottesdienst normalerweise unter sich sind. Das Besondere und Entscheidende ist, dass Demenzkranke und die übrige Gemeinde gemeinsam Gottesdienst feiern.«

Martina Plieth

2. »Ich lieb dich für immer«

Gottesdienst mit demenzkranken Menschen im Jacobi-Haus Bünde

Der Gottesdienst mit demenzkranken Menschen im Jacobi-Haus Bünde

ORGELVORSPIEL

BEGRÜSSUNG

Gott verspricht uns allen etwas Wunderbares; er lässt uns sagen: »Ich will euch trösten, wie einen seine Mutter tröstet.« – Liebe Gemeinde, mit diesen Worten aus dem Buch des Propheten Jesaja (66,13a) begrüße ich Sie alle ganz herzlich zu unserem heutigen Gottesdienst. Gott ist bei uns; er tritt für uns ein und möchte uns seine Nähe schenken; das gibt uns Grund zur Freude und zur Dankbarkeit. Etwas davon darf nun zu spüren sein, wenn wir gemeinsam das uns allen bekannte Lied »Gott ist gegenwärtig« (EG 165) anstimmen und die besonders vertrauten Strophen 1, 2 und 6 miteinander singen.

LIED

Gott ist gegenwärtig (EG 165,1–2.6)

VOTUM

Liturgin: Wir sind heute nicht in unserem eigenen Namen zusammengekommen, sondern im Namen des Vaters, des Sohnes und des Heiligen Geistes.
Gemeinde: Amen.
Liturgin: Unsere Hilfe steht im Namen des Herrn,
Gemeinde: der Himmel und Erde gemacht hat
Liturgin: und sie auch erhält.

Psalm 71 (in Auszügen)

Gott ist bei seinen Menschen; er tritt für sie ein und möchte ihnen seine Nähe schenken. Darauf zu setzen, vermittelt Kraft und Zuversicht. Diese Erfahrung konnten auch schon Menschen vor uns machen; und sie haben auf ganz unnachahmliche Weise davon erzählt. So zum Beispiel der fromme Beter (Sie wissen schon, was ich an dieser Stelle immer wieder sage: Vielleicht war es ja auch eine fromme Beterin!?) des 71. Psalms. Aber hören Sie selbst, was er oder sie vor mehr als zweitausend Jahren formuliert hat!

Auf dich, Gott, habe ich mich verlassen vom Mutterleib an;
Du hast mich aus meiner Mutter Leibe gezogen.
Dich rühme ich immerdar.
Verwirf mich nicht in meinem Alter,
verlass mich nicht, wenn ich schwach werde.
Auch im Alter, Gott, verlass mich nicht, und wenn ich grau werde,
bis ich deine Macht verkündige Kindeskindern
und deine Kraft allen, die noch kommen sollen.
Gott, deine Gerechtigkeit reicht bis zum Himmel.

Gottes Gerechtigkeit ist groß und seine Liebe wunderbar.
Darum kommt, lasst uns zu seiner Ehre miteinander singen!
Wir stimmen nun das schöne Lied »Großer Gott, wir loben dich« miteinander an.

Lied

Großer Gott, wir loben dich (EG 331,1)

Glaubensbekenntnis

Lasst uns nun miteinander unseren christlichen Glauben bekennen!

Ich glaube an Gott,
den Vater, den Allmächtigen,
den Schöpfer des Himmels und der Erde.

Und an Jesus Christus,
seinen eingeborenen Sohn, unsern Herrn,

empfangen durch den Heiligen Geist,
geboren von der Jungfrau Maria,
gelitten unter Pontius Pilatus,
gekreuzigt, gestorben und begraben,
hinabgestiegen in das Reich des Todes,
am dritten Tage auferstanden von den Toten,
aufgefahren in den Himmel;
er sitzt zur Rechten Gottes,
des allmächtigen Vaters;
von dort wird er kommen,
zu richten die Lebenden und die Toten.

Ich glaube an den Heiligen Geist,
die heilige christliche Kirche,
Gemeinschaft der Heiligen,
Vergebung der Sünden,
Auferstehung der Toten
und das ewige Leben.
Amen.

LIED

Großer Gott, wir loben dich (EG 331,1)

PREDIGT

Gnade sei mit euch und Friede von Gott unserem Vater und unserem Herrn Jesus Christus.
Amen.[1]

Liebe Gemeinde!
Kinder, vor allen Dingen Babys, sind etwas Wunderbares. Sie brauchen viel Zeit und Aufmerksamkeit, und das kann ziemlich

1 Anmerkung zu Kanzelgruß und Kanzelsegen: In meiner Gottesdienstgemeinde ist es üblich, Predigten mit einem klassisch formulierten Kanzelgruß zu beginnen und sie mit einem etwas modifizierten, auf die zentrale Predigtaussage abgestimmten Kanzelsegen abzuschließen. Dieser Umstand wird auch in Gottesdiensten für Menschen mit Demenz berücksichtigt und entspricht der über einen langen Zeitraum (ein)geprägten – wenn auch meistens nicht bewusst geäußerten – Erwartungshaltung der Gottesdienstteilnehmer(innen).

anstrengend sein, aber in erster Linie machen sie glücklich und wärmen das Herz. Wenn so ein kleines Kind, ein Baby, vor Freude juchzt und lacht, dann ist das einfach schön; es führt in aller Regel dazu, dass wir zurücklächeln und ein paar freundliche Worte sagen. Aber natürlich werden Babys immer größer und Eltern immer älter. Und irgendwann sind auch die allerkleinsten Babys erwachsen geworden und ihre Eltern richtig alt. Vieles verändert sich dann; vieles ordnet sich neu. Eines allerdings, eines bleibt: Die enge Verbindung zwischen Kindern und Eltern. Sie ist ein starkes Band, das nur in seltenen Fällen zerreißt. Und dieses starke Band kann Halt und Kraft geben – Halt und Kraft für großgewordene Kinder und für altgewordene Eltern.

In einem Bilderbuch mit dem Titel »Ich werde dich immer lieben«[2] wird davon erzählt:
Eine Mutter hielt ihren neugeborenen Sohn in den Armen.
Sie wiegte ihn vor und zurück,
vor und zurück, vor und zurück
und sang ganz leise:

Ich lieb dich für immer,
meine Liebe ist dein;
solang wie ich lebe,
wirst du mein Kind sein.

Das Lied kann zur folgenden Melodie gesungen werden.

Der Sohn wuchs heran.
Er wurde größer und größer.
Als er zwei Jahre alt war, rannte er durchs ganze Haus;
er riss Bücher aus den Regalen,
leerte den Kühlschrank

2 Munsch, R.: Ich lieb dich für immer …

oder spülte die Uhr seiner Mutter durchs Klo hinunter.
Dann seufzte seine Mutter manchmal:
»Der Junge macht mich noch WAHNSINNIG!«

Aber nachts, wenn ihr Sohn endlich eingeschlafen war,
ging die Mutter in sein Zimmer und trat auf Zehenspitzen an sein Bett.
Wenn er tief und fest schlief,
setzte sie sich zu ihm und dachte an die Zeit zurück,
als sie ihr Baby in den Armen wiegte,
vor und zurück, vor und zurück, vor und zurück.
Und dann sang sie ganz leise:

Ich lieb dich für immer,
meine Liebe ist dein;
solang wie ich lebe,
wirst du mein Kind sein.

Und so ging das immer weiter. Der Sohn wuchs heran; er wurde größer und größer, und auch seine Mutter wurde immer älter. Sie ärgerte sich über den Neunjährigen, der aufmüpfig war. Sie litt an dem Sechzehnjährigen, der ihre Nerven heftig strapazierte. Sie trauerte um den Zwanzigjährigen, der sein Elternhaus verließ, um ein eigenes Zimmer zu beziehen.
Und eines Tages, da rief sie ihren mittlerweile fünfzigjährigen Sohn per Telefon an, weil sie ihm sagen wollte, dass es schlecht um sie stand. Aber das gelang ihr nicht mehr. Sie hatte ganz einfach zu wenig Kraft dazu. Und so wiegte sie sich selbst hin und her – vor und zurück, vor und zurück, vor und zurück – und summte dabei ganz leise: »Mhmhmhmhmhmhmm …!« (Melodie, siehe oben!)
Ja, die alte Mutter konnte nicht einmal mehr zu Ende summen, so gebrechlich war sie und schwach. Da fuhr der Sohn auf der Stelle zu ihr, nahm sie in seine Arme und wiegte sie hin und her, vor und zurück, vor und zurück, vor und zurück. Und dazu sang er ganz leise:

Ich lieb dich für immer,
meine Liebe ist dein;

solang wie ich lebe,
wirst du meine Mutter sein.

Und als der Sohn zu sich nach Hause, in seine eigene Wohnung zurückkam, da ging er an's Bett seiner kleinen Tochter und summte noch einmal für sie: »Mhmhmhmhmhmhmm …« (Melodie, siehe oben!).

Soweit die Bilderbuch-Geschichte, die uns zeigt, dass das starke Band der Liebe zwischen Eltern und Kindern ein Leben lang Halt und Kraft geben kann – Halt und Kraft bis ganz zum Schluss. Wenn ich an diese Geschichte denke, dann erinnere ich mich auch daran, dass es noch ein anderes Band der Liebe gibt, das Band der Liebe, das Gott für alle seine Menschen geknüpft hat. Dieses Liebes-Band zerreißt niemals von selbst, denn es ist strapazierfähiger und belastbarer als unsere menschlichen Liebes-Bänder – und seien sie noch so stark. Dieses Liebes-Band hält immer, was es verspricht, denn Gott hält ein, was er versprochen hat. Bei ihm gilt ganz und gar uneingeschränkt: »Versprochen ist versprochen.« Und sein Versprechen lautet: »Auch bis in euer Alter bin ich derselbe. Und ich will euch tragen, bis ihr grau werdet. Ich habe es getan (und ich will es weiter tun). Ich will heben und tragen und erretten (nach Jesaja 46,4).« »Ich will euch trösten, wie einen seine Mutter tröstet (Jesaja 66,13a)«. Amen. – »Mhmhmhmhmhmhmm …« (Melodie, siehe oben!)

Und der Friede Gottes, der höher ist als all unsere Vernunft, bewahre unsere Herzen und Sinne in Jesus, dem Christus, der das Band der Liebe Gottes immer wieder neu für uns knüpft. Amen.

Lied

Großer Gott, wir loben dich (EG 331,1–3.5)

Vater unser

Vater unser im Himmel.
Geheiligt werde dein Name.
Dein Reich komme.

Dein Wille geschehe,
wie im Himmel so auf Erden.
Unser tägliches Brot gib uns heute.
Und vergib uns unsere Schuld,
wie auch wir vergeben unsern Schuldigern.
Und führe uns nicht in Versuchung,
sondern erlöse uns von dem Bösen,
denn dein ist das Reich und die Kraft
und die Herrlichkeit in Ewigkeit.
Amen.

Segen

Gott ist bei uns; er tritt für uns ein und möchte uns seine Nähe schenken. Welch ein Segen!
Der Herr segne dich und behüte dich!
Der Herr lasse sein Angesicht leuchten über dir und sei dir gnädig!
Der Herr erhebe sein Angesicht auf dich und schenke dir Frieden.
Amen.

Orgelnachspiel

Konzeptionelle Überlegungen

1. Die Liturgie

Die Liturgie des oben dargestellten Gottesdienstes entspricht in Aufbau und Inhalt der besonderen gemeindlichen Ausgangslage in einem Gottesdienst mit demenzkranken Menschen:

Es wird ein elementares, alltagsrelevantes Thema (»Eltern- bzw. Mutterliebe – Gottesliebe«) berücksichtigt und so entfaltet, dass immer wieder Bezüge zur eigenen, in vielen Fällen nur noch eingeschränkt präsenten (Er-)Lebenswelt hergestellt werden können.

Die ausgewählten Bibelabschnitte (Jesaja 66,13a; Psalm 71 in Auszügen) sind kurz, prägnant und verständlich formuliert; sie spiegeln grundlegende Erfahrungen menschlicher Existenz und vergegenwärtigen positive Grundgefühle aus typischen *Ur(sprungs)-Situationen* mit besonders prägendem Charakter und hohem Wiedererkennungswert (Getröstet-Werden/Getröstet-Sein, Geborgenheit, Vertrauen). Wo auf sie eingegangen wird, können die Gemeindeglieder immer wieder (neu) wahrnehmen: »Das kenne ich. Hier geht es um mich/uns und mein/unser Leben. Hier wird etwas verhandelt, was mich/uns betrifft und für mich/uns wichtig ist.« Auf diese Weise kann Interesse geweckt sowie aufrechterhalten werden und *Beziehungspflege* erfolgen.

Die meisten festen liturgischen Stücke sind bewusst klassisch gehalten und nicht modifiziert, um Vertrautheits- und Beheimatungsgefühle zu ermöglichen. Nur an wenigen Stellen werden eigene Formulierungen verwendet, um tieferes Verständnis zu erwirken; es geht dabei nicht darum, mit Hilfe von Erklärungen zu belehren, sondern darum, wichtige Inhalte besonders gut zugänglich zu machen und Identifikation zu erzeugen.

Beispielhaft sei an dieser Stelle auf die regelmäßig vor der Psalmlesung erfolgende Einleitung hingewiesen, dass der fromme Beter, der sich in ihr ausspricht, eventuell auch eine fromme Beterin gewesen sein mag. In meiner Altenheimgemeinde hat er ziemlich rasch zur Herausbildung eines außergewöhnlichen geradezu liturgischen Rituals geführt: Sobald die Formulierung »Sie wissen schon, was ich an dieser Stelle immer wieder sage« erklang, wurden Köpfe gehoben und Lippen bewegt. Etliche der Gottesdienstteilnehmer(innen) sprachen das Ende meines Satzes leise oder auch laut mit: »Vielleicht war es ja auch eine fromme Beterin!?« Sie nickten bestätigend und hörten anschließend – aufmerksamer als es sonst womöglich der Fall gewesen wäre – auf das, »was er oder sie vor mehr als zweitausend Jahren formuliert hat«.

Grundsätzlich verzichtet wird auf alle üblicherweise gesungenen liturgischen Stücke (Gloria und Gloria patri); Letzteres hat vor allen Dingen damit zu tun, dass die Gottesdienstteilnehmer(innen) jeweils unterschiedliche Melodien erinnern und kaum dazu zu bewegen sind, eine aus ihrer Sicht neue und deshalb fremde Melodienfolge aufzunehmen.

Die ausgewählten Lieder bzw. Liedstrophen (Liedstrophenfolgen) sind bekannt und beliebt. Sie können auswendig (also ohne ausgedrucktes Liedblatt!) gesungen werden und gehören zu den Kernliedern der Gottesdienstgemeinde. Die durch mehrmalige Wiederholung einzelner Strophen erzeugten Redundanzen sind beabsichtigt und rufen keineswegs Langeweile, sondern Freude hervor. »Großer Gott, wir loben dich« (EG 331) wird immer wieder gern und gern auch öfter gesungen.

2. Die Predigt

Kinder, speziell Babys, sind bei vielen alten Menschen sehr beliebt. Sie wirken insbesondere auf Menschen mit Demenz belebend. Diesen Umstand berücksichtigend beginnt die Predigt mit den *Türöffner-Wörtern* »Kinder« und »Babys«. Die Wirkung wurde noch verstärkt, indem die beim Einzug in den Gottesdienstraum mitgebrachte Babypuppe im Arm gehalten wurde. So konnte eine gerichtete Aufmerksamkeit bei den Demenzkranken bewirkt werden. So konnte der Predigtbeginn bereits in eine emotional bestimmte Erinnerungswelt hineinführen, die erfahrungsgemäß – auch bei rasch fortschreitender Demenz – sehr lange zugänglich bleibt. Auch durch die kurzen Hinweise auf die enge Verbindung zwischen Kindern und Eltern werden an persönliche Erfahrungen angeknüpft, die gefühlsmäßig präsent sind und zugleich – trotz mancher kognitiver Beeinträchtigungen – gedanklich zu erfassen sind. Auf diese Weise können mitten in der nicht gerade alltäglichen und deshalb vielleicht irritierenden Gottesdienstsituation Vertrautheits- und Beheimatungsgefühle entwickelt werden.

Mit Hilfe der gebündelten, in einfacher Sprache gehaltenen Erzählsequenzen, die sich auf das Bilderbuch »Ich werde dich immer lieben«[3] beziehen, werden die eingangs angesprochenen Themen (Wirkung von Kindern/Babys und von Eltern- bzw. Mutterliebe) konkretisiert und veranschaulicht. Zur Konzentrations- bzw. Bewusstheitsförderung und Aktivierung sollen dabei folgende Elemente genutzt werden:

- Das Kind/Baby, von dem die Rede ist, bleibt (als Babypuppe) auf dem Arm der Predigerin während der gesamten Predigt deutlich sichtbar. Außerdem geschieht mit ihm genau das, was verbal beschrieben wird: Es erfährt Zuwendung durch rhythmisches Wiegen.
- Das bewusst redundant dreimal wiederholte und auch szenisch umgesetzte »Vor-und-zurück« entspricht einem für viele Men-

3 Munsch, R.: Ich lieb dich für immer …

schen mit Demenz typischen, in aller Regel beruhigend wirkenden Bewegungsablauf und dürfte deshalb rasch von den Gottesdienstteilnehmenden mitzuvollziehen sein. Auf diese Weise kann die durch rhythmisches Wiegen erfolgende Zuwendung zum Kind körperlich gespürt werden.

- Der gereimte und deshalb ohnehin bereits eingängige Text des im Bilderbuch zitierten Lied-Refrains soll durch seine gesungene mehrfache Wiederholung besonders intensiv zur Geltung kommen. Die von mir erdachte Tonfolge ist schlicht und sehr melodiös; sie müsste eigentlich ebenso wie das rhythmische Wiegen bereits nach kurzer Zeit problemlos mitvollzogen oder sogar mitgesungen bzw. mitgesummt werden können.
- Mit dem abschließenden Hinweis auf das von Gott geknüpfte Liebes-Band wird kein neues Thema eingeführt, sondern das bisher behandelte variiert bzw. spezifiziert. Alles, was bisher über Kinder/Babys und ihre enge Wechsel-Beziehung zu ihren Eltern gehört, gesehen und emotional aufgenommen wurde, entspricht der Beziehung zwischen Gott und seinen Menschen. Um das ohne viele Worte deutlich zu machen, werden die in ihrer Aussage äußerst elementaren Bibelstellen Jesaja 46,4 und 66,13a am Ende der Predigt mit der noch einmal gesummten Melodie des Liedrefrains »Ich lieb dich für immer« verbunden. Die Gemeinde hört so etwas von Gott und wird gleichzeitig in die Lage versetzt, es (mit zuvor verlebendigtem) positiv Erlebtem und Erfahrenem zu verbinden.

3. Der Gottesdienstverlauf

Bereits beim Einzug in den Gottesdienstraum rief die mitgebrachte Babypuppe auf dem Arm der Pfarrerin große Aufmerksamkeit und gerichtetes Interesse hervor. Einige Gottesdiensteilnehmerinnen wollten unbedingt »das Kind streicheln« und freuten sich unübersehbar, als ihnen dieser Wunsch (selbstverständlich!) erfüllt wurde.

Die liturgische Begrüßung mit Jesaja 66,13a ließ viele aufmerken, und das unabhängig vom jeweiligen Geschlecht. Alle Männer und Frauen hörten sehr aufmerksam zu, als davon die Rede war, dass Gott verspricht, uns zu trösten, wie einen seine Mutter tröstet. Die angesprochene *Ur(sprungs-)Situation* wurde ganz offensichtlich mit eigenen (positiven) Erinnerungen in Verbindung gebracht und so verlebendigt bzw. vergegenwärtigt.

Ein ganz ähnlicher Eindruck entstand bei der Verlesung von Psalm 71. Besonders die Begriffe »Mutterleib« und »Kindeskinder« mit ihrer *Beziehungsdimension* riefen Reaktionen hervor. Einige Gottesdiensteilnehmer(innen) wiederholten sie halblaut, andere nickten zustimmend.

Als die Lieder »Gott ist gegenwärtig« (EG 165) und »Großer Gott, wir loben dich« (EG 331) angestimmt wurden, regten sich alle im Gottesdienstraum befindlichen Männer und Frauen. Auch diejenigen, die bislang – zumindest erkennbar – kaum oder gar nicht beteiligt gewesen waren, zeigten sich nun aktiv. Die bekannte Tonfolge und der vertraute Text motivierten ganz offensichtlich zum Mittun und zur Herausbildung eines Gemeinschaftsgefühls. Letzteres war insbesondere bei jedem nochmaligen Singen des Gemeindelieblingsliedes EG 331 deutlicher zu erkennen.

Die Worte von Glaubensbekenntnis, Vaterunser und Aaronitischem Segen wurden mit großer Ernsthaftigkeit mitgesprochen bzw. mitvollzogen. Während sie erklangen, gab es keinerlei Störgeräusche im Raum. Alle Anwesenden waren konzentriert. Beim Schlusssegen breiteten einige Gemeindeglieder die Arme aus und nahmen so eine der Pfarrerin ähnliche Haltung ein. Sie signalisierten auf diese Weise ihr Zusammengehörigkeitsempfinden und die Bereitschaft, sich umarmen zu lassen bzw. einander zu umarmen.

Nachdem die letzten Töne von der Orgel her erklungen waren, blieben alle Gemeindeglieder ganz ruhig sitzen und bewegten sich nicht. Erst als ich mich mit der Babypuppe auf dem Arm zur Verabschiedung an den Ausgang des Gottesdienstraumes stellte, veränderte sich das Bild. Alle, die dazu in der Lage waren, kamen noch einmal, um »das Kind« zu sehen und zu berühren.

Während der Predigt habe ich durchgängig die eingangs eingeführte Babypuppe im Arm gehalten. Auf diese Weise wurde sichtbar, wovon ich sprach, und es konnte gesehen und gehört werden, worum es ging.

Als ich mich während des Lesens der ersten Textzeilen aus dem Buch »Ich werde dich immer lieben« bei den Worten »vor und zurück« rhythmisch bewegte und so »das Kind« wiegte, fingen viele Gottesdienstteilnehmer(innen) an, Gleiches zu tun; sie nahmen den vorgegebenen Rhythmus auf und machten ihn zu ihrem eigenen. Letzteres geschah ganz von selbst und wiederholte sich immer dann, wenn die Sequenz »vor und zurück – vor und zurück – vor und zurück« noch einmal auftauchte.

Der nach einer selbst erdachten Melodie gesungene Refrain des im Bilderbuch zitierten Liedes wurde mit deutlich erhöhter Aufmerksamkeit angehört; einige Männer und Frauen begannen bereits bei seinem zweiten Vortrag, ihn leise mitzusummen, andere kommentierten ihn mit einem Ausruf der Verwunderung. Immer dann, wenn ich gesummt habe, waren alle – auch diejenigen, denen es ansonsten schwerfiel, ruhig zu bleiben – ganz still.

Als ich zum Schluss meiner Predigt davon sprach, dass Gott versprochen hat, seine Menschen zu tragen, bis sie grau geworden sind, und sie zu trösten, wie einen seine Mutter tröstet, konnte ich sehen, dass einigen Gottesdienstteilnehmer(innen) Tränen in den Augen hatten. Ein Mann seufzte schwer und sagte dann: »Das ist aber schön!«

In den Tagen nach dem Gottesdienst wurden mir vermehrt Geschichten von den eigenen Kindern oder auch den eigenen Eltern anvertraut – »Geschichten von damals«, die als »Geschichten von heute« erlebt wurden. Manchmal reichte es, in einem Gespräch die in der Predigt eingesetzte Refrainmelodie noch einmal leise zu summen *(Türöffner-Funktion)*, um direkt zu bestimmten, beziehungsrelevanten Inhalten und Emotionen im Umfeld von Eltern- bzw. Mutterliebe und Gottesliebe vorzudringen. Besonders beeindruckt hat mich in diesem Zusammenhang eine 89jährige Altenheimbewohnerin, die mich intensiv ansah, mir plötzlich über mein Gesicht streichelte und dann zu mir sagte: »Ach, Gott … Und da war er dann … Immer da! Wie eine Mutter. Immer da.«

Claudia Basler

3. »Mit dem Herzen hören und sehen«

Gottesdienst mit Demenzkranken im Dandelion Basel

Der Gottesdienst mit Demenzkranken im Dandelion Basel

MUSIK

VOTUM

Die Gnade unseres Herrn Jesus Christus
und die Liebe Gottes
und die Gemeinschaft des Heiligen Geistes
sei mit euch allen!
Amen.

BEGRÜSSUNG

Herzlich willkommen zu diesem Gottesdienst.
Ein Gottesdienst, das ist eine Unterbrechung im Alltag,
eine Pause von dem, was den ganzen Tag an Eindrücken auf uns einstürmt.
Es ist ein Moment, in dem wir die Augen zu machen können und nichts mehr sehen müssen. Es ist ein Moment, in dem wir genau zuhören, hören, was nicht alltäglich ist.
Oder es ist ein Moment, in dem wir still sind, gar nichts hören.
Ein Gottesdienst ist ein Moment, in dem wir unsere Sinne anders brauchen als sonst.
Darum wird es auch heute in diesem Gottesdienst gehen:
Wie die Ohren hören und wie die Augen sehen.
Und vielleicht dadurch auch Bekanntes neu hören oder einen neuen Blick auf etwas bekommen …

LIED

Großer Gott, wir loben dich (EG 331,1–2)

Psalm 121

Ich hebe meine Augen auf zu den Bergen.
Woher kommt mir Hilfe?
Meine Hilfe kommt vom Herrn,
der Himmel und Erde gemacht hat.
Er wird meinen Fuß nicht gleiten lassen,
und der dich behütet, schläft nicht.
Siehe, der Hüter Israels schläft und schlummert nicht.
Der Herr behütet dich;
Der Herr ist dein Schatten über deiner rechten Hand,
dass dich des Tages die Sonne nicht steche
noch der Mond des Nachts.
Der Herr behüte dich vor allem Übel,
er behüte deine Seele.
Der Herr behüte deinen Ausgang und Eingang
von nun an bis in Ewigkeit!
Amen.

Lesung (Mt 13,13b–17)

Jesus Christus spricht: Denn mit sehenden Augen sehen sie nicht und mit hörenden Ohren hören sie nicht; und sie verstehen es nicht.
Und an ihnen wird die Weissagung Jesajas erfüllt, die da sagt (Jesaja 6,9–10): »Mit den Ohren werdet ihr hören und werdet es nicht verstehen; und mit sehenden Augen werdet ihr sehen und werdet es nicht erkennen. Denn das Herz dieses Volkes ist verstockt: Ihre Ohren hören schwer und ihre Augen sind geschlossen, damit sie nicht etwa mit den Augen sehen und mit den Ohren hören und mit dem Herzen verstehen und sich bekehren, und ich ihnen helfe.«
Aber selig sind eure Augen, dass sie sehen, und eure Ohren, dass sie hören. Wahrlich, ich sage euch: Viele Propheten und Gerechte haben begehrt, zu sehen, was ihr seht, und haben's nicht gesehen, und zu hören, was ihr hört, und haben's nicht gehört.

Predigt

»Mit den Ohren werdet ihr hören und werdet es nicht verstehen; und mit sehenden Augen werdet ihr sehen und werdet es nicht

erkennen.« Was sind das nur für seltsame Worte, die da für uns aufgeschrieben werden: Wer sieht, der sieht doch tatsächlich etwas. Und wer etwas hört, der hört doch auch tatsächlich!
Hören, Sehen – die Sinne sind ganz wichtig für uns: Tasten, Fühlen, Riechen und Schmecken. Das alles machen wir den ganzen Tag. Oft sogar, ohne es uns bewusst zu machen. Unsere Sinne funktionieren – mehr oder weniger gut. Sie sind die ganze Zeit auf Alarm gestellt und sagen uns Bescheid: Zum Beispiel wenn es irgendwo brennt und wir das Feuer riechen können. Oder wenn wir irgendwo entlang gehen und wir sehen, dass irgendwo etwas im Weg liegt, damit wir nicht stolpern. Und wenn uns jemand anspricht, wenn uns jemand ein liebes Wort sagt, dann ist es gut, dass wir es hören können. Ganz vieles ertasten wir: den Stoff unserer Kleidung zum Beispiel. Oder wenn wir uns die Hand geben, dann fühlen wir, wie sie sich anfühlt: warm oder kalt, rau von der Arbeit oder ganz weich, feucht oder trocken. Auf unsere Sinne müssen wir uns verlassen. Und auf unsere Sinne können wir uns verlassen.

Ich lade Sie jetzt ein, einige Geräusche zu hören.
Sie können dabei die Augen zu machen.
Im Hintergrund werden einige Geräusche erzeugt.
Beispiele: Steine gegeneinanderschlagen lassen.
Wasser in eine Schale gießen und plätschern lassen.
Kleine Glocke klingeln lassen.
Anschließend sollen in einer kurzen Pause die Eindrücke nachwirklich können.

Sicher lassen manche Sinne irgendwann nach: Ich trage beispielsweise eine Brille, und sehe ohne sie nicht so gut, aber wirklich eingeschränkt bin ich dadurch zum Glück noch nicht. Das ist bei manchen von Ihnen vielleicht schon stärker: Dass das Sehen nachlässt – trotz Brille. Oder dass Sie nicht mehr so gut hören können. Bei anderen lässt vielleicht auch das Schmecken und Riechen etwas nach. Erst wenn die Sinne nachlassen, oder wenn wir sie mal nicht einsetzen können, merken wir, wie wichtig sie für uns sind. Erst dann merken wir, welche Hilfe sie für uns sind, wie sehr wir auf sie angewiesen sind. So muss es auch Menschen gehen, die von

Geburt an nicht sehen oder hören können, blind und taub sind. Ein Leben lang sind sie eingeschränkt. Vielleicht heilt Jesus deshalb so viele Menschen, die blind und taub und stumm sind. Weil er weiß, wie schwer das Leben wird, wenn die Sinne nicht funktionieren. Weil er weiß, wie wichtig es ist, dass wir nicht eingeschränkt sind. Weil er weiß, dass wir leben möchten und wie mühsam es werden kann, wenn uns etwas fehlt.

Die Geschichte aber, die ich Ihnen vorgelesen habe, in der heilt Jesus niemanden. Stattdessen spricht er in Rätseln: »Mit den Ohren werdet ihr hören«, heißt es da, »und werdet es nicht verstehen; und mit sehenden Augen werdet ihr sehen und werdet es nicht erkennen.« Jesus wiederholt, was schon die Propheten gesagt haben, er wiederholt, was schon Jesaja seinen Landsleuten vor etwa 2700 Jahren gesagt hat. Ihr hört, und ihr hört es trotzdem nicht. Ihr seht, und erkennt trotzdem nicht.

Unsere Sinne – sie können uns auch täuschen: Manches wollen wir nicht sehen, auch wenn es direkt vor unseren Augen steht. Manches wollen wir nicht hören, weil es uns unangenehm ist, weil wir es mühsam finden, weil es eine Umstellung bedeutet. Dann ignorieren wir, was wir sehen und hören, dann ignorieren wir unsere Sinne, dann täuschen wir uns selbst. Wer kennt das nicht aus seinem Leben? Eine Arbeit nicht sehen wollen. Eine Kritik von einem anderen Menschen nicht hören wollen. Und schon ist es vergessen. Schon sind unsere Sinne überlistet.

Schon sehen wir und sehen es doch nicht. Schon hören wir und hören doch nichts. Die Propheten damals, andere als Jesaja, der den Satz zum ersten Mal sagte, sie wollten die Zukunft voraussagen. Sie wollten Visionen sehen, sie wollten Zukunftsbilder von Gott bekommen. Doch nicht allen wurde dieses Geschenk gemacht. Deshalb erfanden sie Geschichten. Sie versprachen den Menschen, was diese hören wollten. Sie sagten, was die Menschen glauben wollten. Sie logen den Menschen das sprichwörtlich Blaue vom Himmel herab. Andere wieder sahen tatsächlich Zeichen und Bilder, andere hatten Zukunftsvisionen. Aber es waren keine guten und sie trauten sich nicht, diese Visionen zu erzählen, sie hatten Angst vor der Reaktion; sie fürchteten, verjagt zu werden. Oder beschimpft zu werden, weil sie die Wahrheit sagten, die andere nicht hören wollten. Statt zu Gehör zu bringen, was nicht gehört

werden wollte, taten sie, was bequem ist. Sie taten, was alle Menschen immer wieder tun: Sie sahen und sahen doch nicht. Sie hörten und hörten nichts. Sie verstanden und erkannten nicht, was Gott ihnen zeigte.
Sehen und hören können wir aber nicht nur mit den Augen und den Ohren. Manches sehen und hören wir auch, wenn die Augen und die Ohren nicht mehr so gut funktionieren. Dann hören wir mit dem Herzen. Und wir sehen mit dem Herzen. Wenn wir einen lieben Menschen sehen, dann sehen wir ihn mit dem Herzen. Wir sehen nicht in erster Linie, was für eine Bluse jemand anhat, sondern, wir sehen, dass wir ihn mögen. Wenn uns ein lieber Mensch etwas erzählt, dann hören wir mehr als die Worte, dann hören wir die Stimme, hören, ob er lächelt, sich freut, oder ob jemand traurig oder bedrückt ist. Wir sehen und hören Freude, Aufrichtigkeit, Ehrlichkeit, Sympathie, aber auch Ablehnung oder Schwere; wir sehen es mit dem Herzen.
Und wir sehen mit dem Herzen, was sonst überhaupt nicht sichtbar ist: Im Herzen hören wir, ob Gott uns anspricht. Im Herzen spüren wir seine Zuwendung. Im Herzen spüren wir, wenn er uns die Hand reicht. Mit dem Herzen sehen und hören wir mehr, als nur vor Augen steht. Im Herzen merken wir auch, wenn Gott uns zuhört, mit unseren Fragen und Gedanken, mit unseren Bitten. Im Herzen spüren wir, wenn Gott uns ansieht.
Das meint Jesu vermutlich, wenn er uns selig nennt und unser Vermögen zu sehen und zu hören so hoch preist: »Wahrlich, ich sage euch: Viele Propheten und Gerechte haben begehrt, zu sehen, was ihr seht, und haben's nicht gesehen, und zu hören, was ihr hört, und haben's nicht gehört.« Möge Gott uns unsere Ohren und Augen des Herzens öffnen, damit wir ihn sehen und damit wir einander sehen.
Amen.

Musik

Gebet

Guter Gott,
unsere Gaben und unsere Begabungen kommen von dir;
unsere Eindrücke und Wahrnehmungen:

Du schenkst sie uns, unsere Sinne.
Du öffnest die Welt für uns, jeden Tag neu.
Öffne unser Herzen und Sinne,
dass wir dankbar erkennen,
wie wunderbar du uns geschaffen hast.
Und öffne unsere Augen für deine Liebe,
öffne unsere Ohren für deine Worte,
öffne unseren Geist für die Hoffnung, die du uns versprichst.
Wir bitten dich:
Schicke den Gesang der Engel, wo Ohnmacht herrscht,
das Lied des Trostes, wo Not regiert,
die Farbe des Himmels in jede verletzte Seele
und deine Kraft in jede Krankheit.

Unser Vater
Unser Vater im Himmel,
geheiligt werde dein Name.
Dein Reich komme.
Dein Wille geschehe,
wie im Himmel so auf Erden.
Unser tägliches Brot gib uns heute.
Und vergib uns unsere Schuld,
wie auch wir vergeben unsern Schuldigern.
Und führe uns nicht in Versuchung,
sondern erlöse uns von dem Bösen,
denn dein ist das Reich und die Kraft
und die Herrlichkeit in Ewigkeit.
Amen.

Segen

Der Herr segne dich und behüte dich.
Der Herr lasse leuchten sein Angesicht über dir und sei dir gnädig.
Der Herr erhebe sein Angesicht auf dich und gebe dir seinen Frieden.
Amen.

Musik

Konzeptionionelle Überlegungen

1. Der Kontext

Seit eineinhalb Jahren bin ich im Dandelion Basel, einem Pflegezentrum für demenzkranke Menschen tätig. Neben dem Dandelion betreue ich noch fünf weitere Heime, in denen zum Teil ebenfalls ein recht hoher Anteil demenzkranker Personen lebt. In den letzten Jahren war zumindest tendenziell zu beobachten, dass die Menschen solange wie möglich zuhause wohnen und erst in ein Heim umziehen, wenn sie schon sehr gebrechlich oder in ihrer Demenz recht weit fortgeschritten sind. Nach dem Umzug ins Pflegeheim verstärkt sich häufig die Demenz. In Basel gibt es mit dem Dandelion nur ein Heim, das ausschließlich Demenzkranke aufnimmt und betreut. Das Pflegeheim besteht aus sieben Wohnbereichen und einem Tagesheim. Aus allen acht Stationen kommen Personen in die Gottesdienste, überwiegend Frauen. Reformierte und katholische Gottesdienste wechseln sich ab. Wegen der guten ökumenischen Zusammenarbeit nehmen katholische und reformierte Bewohner an beiden Gottesdiensten teil.

Begleitet wird meine Arbeit von den Pflegekräften des Dandelion. Mindestens eine Pflegekraft ist während des Gottesdienstes anwesend und kümmert sich darum, dass niemand unbegleitet den Raum verlässt. Sie kann jederzeit per Telefon Kontakt zu den Stationen aufnehmen.

Der Gottesdienstraum ist ein großer Mehrzweckraum, von dem ein Teil durch eine Schiebewand abgeteilt wird. Es ist ein sehr lichter Raum mit Fenstern (mit durchscheinenden Vorhängen) zu zwei Seiten. Der Raum ist sehr schlicht eingerichtet und frei von Bildern. Manchmal hängt den Jahreszeiten entsprechender Schmuck vor den Vorhängen. Durch verschiedene andere Angebote des Pflegeheims ist der Raum den Menschen vertraut; er ist mit einem Flügel ausgestattet und wie bei einem Konzert bestuhlt.

Für die Gottesdienste wird ein spezieller Tisch in den Raum gestellt, der nur als Abendmahltisch/Altar verwendet wird; er wird mit einem Tischtuch, Blumen und Kerzen geschmückt. Und schließlich wird auf ihm die Bibel ausgelegt. Hinter dem Tisch hängt während der Gottesdienste ein Kruzifix an der Wand.

2. Die Liturgie

Im Dandelion Basel wurde eine Liturgie entwickelt, die auf die speziellen Bedürfnisse der Menschen mit Demenz eingeht: Sie sollte ihnen eine vertraute, wiedererkennbare Struktur gewährleisten und eine klare und eher knappe Form zur Verfügung stellen. Entstanden ist eine Gottesdienstliturgie, die den Menschen gut tut, sie von der Form her nicht überfordert und ihnen ermöglicht, ihren Glauben zu leben und an zurückliegende Glaubenserfahrungen anzuknüpfen. Der Ablauf wird nur wenig variiert. Die Länge der Texte und der zeitliche Ablauf gleichen sich weitgehend, so dass der Gottesdienst geradezu einem einheitlichen Rhythmus folgt, den die Demenzkranken spüren und der ihnen mittlerweile sehr vertraut ist.

Die wichtigsten Unterschiede zu anderen Altersheimgottesdiensten liegen im Gleichbleiben der musikalischen Elemente: Zu Beginn des Gottesdienstes, nach der Predigt und zum Gottesdienstausgang wird jeweils das gleiche Stück gespielt. Diese Kontinuität bringt sofort Ruhe in die feiernde Gemeinde, selbst wenn vorher eine große Unruhe herrschte. Als Lied werden stets die ersten beiden Strophen von »Großer Gott, wir loben dich« gesungen. Alle kennen den Text des Liedes auswendig und singen mit.

Es hat sich bewährt, diesen gleichbleibenden und vertrauten Rhythmus beizubehalten und immer wieder einzuüben. Auch die von mir als Liturgin gesprochenen Voten und der Segen, die jeweils von vielen mitgemurmelt werden, bleiben stets gleich. So schafft die Liturgie einen sehr vertrauten Rahmen, der den Demenzkranken gut tut und Sicherheit schenkt.

Der Ablauf gestaltet sich wie folgt:
Musik zum Eingang
Votum
Begrüßung
Gebet
(Lesung I)
Großer Gott, wir loben dich (EG 331, 1–2)
Lesung II
Predigt
Musik
Gebet mit direkt anschließendem Unser Vater

Segen
Musik

Die Gottesdienste dauern jeweils ca. 30 Minuten. Nach meiner Erfahrung verfolgen die meisten Personen den Gottesdienst sehr aufmerksam, wozu auch der Wechsel von gesprochenem Wort, Musik und Gesang beiträgt.

Während der Predigt gilt es, die Aufmerksamkeit immer wieder zu wecken. Das gelingt durch Pausen, Gesten und besonders durch gestaltende Elemente, die ich immer wieder gerne einbaue. Bewährt haben sich großformatige Bilder, Bilderbücher, mit denen ich durch die Reihen gehe um sie zu zeigen, Gegenstände (z. B. Wüstenrose, Weihnachtskrippe …) oder Klangelemente. Wenn ich auf etwas Bezug nehme, was der Alltagswelt der Demenzkranken entspringt, versuche ich, dies schon bei der Begrüßung aufzugreifen, zum Beispiel die (kirchen-)jahreszeitliche Dekoration des Hauses (Fasnacht, Ostern, Herbstblätter, Weihnachten).

3. Störungen im Gottesdienst

Kein Gottesdienst im Dandelion gleicht dem anderen. Es entsteht häufig eine ganz eigene Dynamik in den verschiedenen Gottesdiensten. Sie werden unterbrochen durch geradezu typischste Unterbrechungen oder Störungen:

- Aufstehen während des Gottesdienstes.
- Auffälliges Verlassen des Raumes.
- Wiederholungen einiger Worte der Liturgin in Frageform.
- Zwischenrufe: »Das klingt gut.« »Das schmeckt gut.«
- Infragestellungen: »Ist das wirklich so?«
- Gespräche zweier Personen miteinander, entweder zum Thema des Gottesdienstes oder zu anderen Themen.

Auf verbale Unterbrechungen gehe ich in aller Regel ein, sofern sie so laut gesprochen wurden, dass sie von vielen gehört wurden. Dabei schaue ich die entsprechende Person gezielt an und spreche *für sie* weiter Oder ich bestätige meine »Gesprächspartnerin«, indem ich ebenfalls die Aussagen wiederhole.

Die wenigen tatsächlichen Infragestellungen, durch die die Predigt unterbrochen wird, empfinde ich als besondere Momente der Wachheit und Präsenz der Menschen. Hier versuche ich sehr ehrlich und persönlich zu antworten, was oft einen zusammenfassenden Charakter der Predigt bekommt. Durch diese Unterbrechungen bekommt jeder Gottesdienst eine Dynamik, alle vorbereiteten Texte sind wie ein Entwurf, der je nach Situation und Stimmung vor Ort angepasst und variiert werden muss.

Heike Musolf

4. »Vom Himmel hoch – Gott spüren: Mit Herz und Hand, mit Tat und Leben«

Adventsgottesdienst mit und für Demenzkranke und
ihre Angehörigen im Altenwohnzentrum der AWO Norden

Der Adventsgottesdienst mit und für Demenzkranke und ihre Angehörigen im Altenwohnzentrum der AWO Norden

EINLADUNG

Ein Streich-Trio steht bereits 40 Minuten vor Beginn des Gottesdienstes im Foyer des Altenwohnzentrums vor dem Speisesaal und spielt weihnachtliche Musik, darunter bekannte Volkslieder und Choräle. Die Räumlichkeit liegt so zentral, dass die Musik bis auf die Stationen und zu den Zimmern klingt.
Altenpflegeschüler(innen) laden die Bewohnerinnen und Bewohner zum Gottesdienst ein, holen sie in ihren Zimmern ab und bringen sie in den Saal. Dort helfen sie bei der Platzsuche und gewährleisten, dass alle nach ihren speziellen Bedürfnissen untergebracht sind.
Die Pastorin steht mit zwei als Engel verkleideten Kindern in der Eingangstür und begrüßt jede(n) mit persönlichen Worten. Sie trägt wie alle Mitwirkenden ein Namensschild.
Fünf Minuten vor Beginn des Gottesdienstes wird Glockengeläut über die Lautsprecheranlage hörbar. Währenddessen nehmen die Musiker ihre Plätze im Saal ein.

1. HÖREN

MUSIK

Dabei Einzug der Pastorin

VOTUM

Im Namen des Vaters und des Sohnes und des Heiligen Geistes. Amen.
Machet die Tore weit und die Türen in der Welt hoch.

Begrüssung

Liebe Gemeinde hier im Seniorenwohnheim,
herzlich willkommen zu unserem Gottesdienst im Advent.
Macht Euch bereit, denn Gott will bei Euch einziehen. Weihnachten steht vor der Tür!
Wir konnten es hören: Glockengeläut hat uns herbeigerufen und begrüßt,
Weihnachtsmusik hat uns eingestimmt, sie klang durch das ganze Haus.
Gott ruft uns. Er kommt.
Unsere Ohren haben es gehört.
Gott sagt uns:
Ich komme zu euch. Ich bin bei euch.
Er schickt uns seine Boten, die es uns versichern:
Gott will bei dir wohnen.
Er geht mit dir, alle Tage.
Mach Dich bereit!

Lied

Macht hoch die Tür (EG 1,1–5)

Gebet

Pfarrerin:
Komm, o mein Heiland Jesu Christ,
meins Herzens Tür Dir offen ist!
Lasst uns beten:

1. Sprecher(in):
Herr, unser Gott,
wir bitten Dich für diesen Gottesdienst,
den wir nun miteinander feiern wollen.
Mache unsere Herzen weit,
öffne unsere Augen, Ohren und Sinne
für Deine Nähe und Deine Verheißung.

2. Sprecher(in):
Wir kommen zu Dir mit unseren Freuden und Nöten.
Mache uns offen für Dein Licht,

lass uns Deine Liebe spüren,
damit wir gestärkt und getröstet
in unserem Alltag weitergehen können.
Amen.

2. SEHEN

Engelsmusik

Raum wird etwas abgedunkelt. Aus dem Foyer kommen zwei als Engel verkleidete Kinder. Jedes trägt eine brennende Kerze in den Raum. Dabei gehen sie langsam durch das Halbrund der Gottesdienstteilnehmer(innen), schreiten alle Plätze ab und zeigen allen das Licht, bevor sie es zum Altar bringen.

Psalm 24

Die Engel:
Machet die Tore weit und die Türen in der Welt hoch,
dass der König der Ehre einziehe!

Gemeinde:
Wer ist der König der Ehre?

Die Engel:
Es ist der Herr, stark und mächtig,
der Herr, mächtig im Streit.
Machet die Tore weit und die Türen in der Welt hoch,
dass der König der Ehre einziehe!

Gemeinde:
Wer ist der König der Ehre?

Die Engel:
Es ist der Herr Zebaoth;
er ist der König der Ehre.

Gloria patri (EG 177.1)

1. LESUNG (Jesaja 9,1)

1. Engel:

Das Volk, das im Finstern wandelt, sieht ein großes Licht.
Und über denen, die da wohnen im finsteren Lande, leuchtet es hell.
Fürchtet euch nicht, denn uns ist ein Kind geboren,
ein Sohn ist uns gegeben, und die Herrschaft ruht auf seiner Schulter.

2. LESUNG (Jesaja 60,1–2)

2. Engel:

Mache dich auf, werde Licht; denn dein Licht kommt,
und die Herrlichkeit des Herrn geht auf über dir!
Denn siehe, Finsternis bedeckt das Erdreich und Dunkel die Völker;
aber über dir geht auf der Herr, und seine Herrlichkeit erscheint über dir.

ANGELEITETE STILLE

Das Licht Gottes kommt in unser Leben,
das Licht Gottes will uns wärmen und erleuchten.
Nun soll auch jeder von uns das Licht sehen
und seine Wärme spüren.

Fünf Mitarbeiter(innen) bringen Kerzen, die sie eine nach der anderen an den Kerzen der Engelslichter entzünden.

3. FÜHLEN UND TASTEN

LIED

Vom Himmel hoch (EG 14,1–4.8)

Während des Liedes verteilen die Mitarbeiter(innen) Windlichter an die Teilnehmenden. Dies geschieht in mehreren Gruppen. Vor den Augen aller Teilnehmenden wird ein Windlicht an einem Licht der Engelskerzen bzw. der anderen Kerzen entzündet und diesen in die Hand gegeben.

Meditation

Es ist heller und wärmer geworden.
Wir spüren es in der Hand.
Lassen Sie uns die Lichter hoch halten, damit wir alle sehen, wie viel Licht unter uns ist.
Licht, das uns leuchtet, Licht das uns wärmt.
Wir wollen nun mit unserem Licht im Sitzen tanzen.
Sie haben das in den letzten Wochen ja schon in kleinen Gruppen eingeübt,
jetzt wollen wir es alle gemeinsam tun.

4. BEWEGEN

Lichtertanz zu

O lass dein Licht auf Erden siegen,
die Macht der Finsternis erliegen
und lösch der Zwietracht Glimmen aus,
dass wir, die Völker und die Thronen,
vereint als Brüder wieder wohnen
in deines großen Vaters Haus (EG 14,6).

Mit einer nicht zu schnellen und angenehmen Melodie im 4/4 Takt. Um die dementiell erkrankten Gottesdienstteilnehmer(innen) nicht zu überfordern, sollte der Sitztanz vorher in kleinen Gruppen in der Einrichtung eingeübt sein. Die dabei eingesetzte Musik kann im Gottesdienst eingespielt werden, um die Wiedererkennung zu unterstützen.

Takt 1: Das Licht wird mit beiden Händen vor der Brust gehalten und so weit es geht mit beiden Händen nach oben geführt.
Takt 2: Das Licht wird mit beiden Händen zurück vor die Brust geführt. Das Licht wandert in die rechte Hand
Takt 3 Das Licht wird mit der rechten Hand in einem Halbkreis nach außen geführt bis der Arm gestreckt ist.
Takt 4: Das Licht wird zurückgeführt und in die linke Hand genommen.
Takt 5: Das Licht wird mit der linken Hand in einem Halbkreis nach außen geführt bis der Arm gestreckt ist.

Takt 6: Das Licht wir zurück vor die Brust geführt.
Takt 7: Das Licht wird mit beiden Händen nach vorne geführt bis die Arme gestreckt sind.
Takt 8: Das Licht wird zurück vor die Brust geführt.

Alle Takte wiederholen bis zum Ende der Musik.

Hinführung

Gemeinsam haben wir uns unter das Licht gestellt, haben seine Wärme gespürt, uns an seinem Glanz erfreut.
Jesus ging zu den Menschen, saß mit ihnen an einem Tisch, aß und trank mit ihnen, um mit ihnen Gemeinschaft zu haben. Denn wer an einem Tisch sitzt, der gehört zusammen.
Wer Brot und Wein teilt, der teilt die Nähe der anderen. Darum wollte Jesus, dass auch wir zusammen essen und trinken. Er wollte, dass wir immer wieder einen neuen Anfang miteinander machen.
Das, was war, soll nicht mehr belasten,
das, was kommt, soll nicht erschrecken.
Gemeinsam geht es besser.

Auch wir wollen nun die Freude des gemeinsamen Essens und Trinkens teilen. Ich habe Ihnen gutes, altes Brot mitgebracht, Brot, dass heute Morgen auf dem Markt frisch gebacken wurde: herrliches, duftendes, kräftiges Roggenbrot *(wird hochgenommen und gezeigt).*
Und Trauben habe ich mitgebracht: sie sehen schön aus und schmecken lecker *(werden hochgenommen und gezeigt).*
Wir bringen diese Gaben zu Ihnen und Sie sind eingeladen, sie zu fühlen, in die Hand zu nehmen, an ihnen zu riechen. Wer mag, darf davon auch naschen.
Fühlen Sie, riechen Sie, wie gut die Gaben Gottes sind.

Die Mitarbeiter(innen) sammeln die Windlichter ein und bringen sie in den Altarraum, wo sie gut sichtbar aufgestellt werden.

5. FÜHLEN; TASTEN; BRECHEN; RIECHEN; SCHMECKEN

WEIHNACHTSMUSIK

AUSTEILUNG

Die Pastorin und die Mitarbeiter(innen) gehen zu den Teilnehmenden durch die Reihen. Sie geben denen, die wollen, ein Stück Brot und/oder Trauben in die Hand, lassen sie fühlen, riechen und in die Hand nehmen.

Wir leben nicht von Brot allein.
Wir brauchen mehr zum Leben.
Licht und Gemeinschaft, Liebe.
Das alles bekommen wir, wenn wir teilen.
Nicht Brot allein, sondern auch Gemeinschaft und Liebe.

EINSETZUNGSWORTE:

Unser Herr Jesus in der Nacht,
da er verraten ward,
nahm er das Brot, dankte und brach's
und gab's den Jüngern und sprach:
Nehmet, esset, das ist mein Leib,
der für euch gegeben wird;
das tut zu meinem Gedächtnis.

Ebenso nahm er auch den Kelch nach dem Mahl,
dankte, gab ihnen den und sprach:
Trinket alle daraus,
dieser Kelch ist der neue Bund in meinem Blut,
das für euch vergossen wird zur Vergebung der Sünden;
das tut, so oft ihr daraus trinket, zu meinem Gedächtnis.

Deinen Tod, o Herr, verkündigen wir,
und deine Auferstehung preisen wir,
bis du kommst in Herrlichkeit.
Amen.

Austeilung

Schmecket uns sehet wie freundlich der Herr ist.

Die Pastorin und die Mitarbeiter(innen) gehen zu den Teilnehmenden durch die Reihen. Sie teilen an alle, die wollen, das Abendmahl aus. Die Pastorin geht zu jedem und segnet mit Handauflegung:»Gott stärke dich«.

Während der Austeilung erklingt weihnachtliche Musik.

Lied

Tochter Zion (EG 13,1–3)

Fürbitten

1. Sprecher(in):
Herr, unser Gott,
wir haben dein Wort vernommen,
deinen Segen empfangen
und dein Brot miteinander gebrochen.
Das lass uns ein Zeichen sein, dass du uns nahe bist
und dass wir die Deinen sind, von dir geliebt.
Wir bitten dich,
verlass uns nicht,
du, unser Heiland in Ewigkeit.

2. Sprecher(in):
Gott, hilf uns dankbar sein,
dir und den Menschen.
Hilf uns gerecht sein und mit anderen teilen.
Segne, Gott, alle Mühe,
die dem Frieden und der Gerechtigkeit dient.

3. Sprecher(in):
Wir preisen dich,
der du mit unserem Herrn Jesus Christus
und dem heiligen Geist
lebst und regierst von Ewigkeit zu Ewigkeit.

Vater unser

Vater unser im Himmel.
Geheiligt werde dein Name.
Dein Reich komme.
Dein Wille geschehe,
wie im Himmel so auf Erden.
Unser tägliches Brot gib uns heute.
Und vergib uns unsere Schuld,
wie auch wir vergeben unsern Schuldigern.
Und führe uns nicht in Versuchung,
sondern erlöse uns von dem Bösen,
denn dein ist das Reich und die Kraft
und die Herrlichkeit in Ewigkeit.
Amen.

6. Den Segen SPÜREN

Segen

Die Engel haben uns das Licht gebracht. Wir haben gesehen, gehört, gespürt, gerochen und geschmeckt, wie gut die Gaben Gottes für uns Menschen sind. Wir haben uns an unserer Bewegung gefreut und in Essen und Trinken Gemeinschaft erfahren.

Wir haben gespürt: Wir sind nicht allein. Menschen gehen mit uns. Gott geht mit uns. Sein Segen begleitet uns.

Als Zeichen für unsere Gemeinschaft fassen wir uns an den Händen, um uns unter Gottes Segen zu stellen *(Die Mitarbeiterinnen und Mitarbeiter verteilen sich unter die Teilnehmerinnen und Teilnehmer, um die Reihen zu schließen).*

So geht nun hin, geleitet vom Segen unseres Herrn:
Der Herr segne und behüte dich.
Der Herr lasse sein Angesicht leuchten über dir und sei dir gnädig.
Der Herr erhebe sein Angesicht auf dich und gebe dir Frieden

Musik

Die Pastorin und die »Engel« verabschieden jede(n) Gottesdienstteilnehmer(in) mit persönlichen Worten. Die »Engel« überreichen gebastelte Karten mit Engelsworten aus der Bibel und kleinen Engelchen.

Konzeptionelle Überlegungen

1. Das Gottesdienstteam

Den Gottesdienst haben 29 Schülerinnen und Schüler des 1. Lehrjahres an der Berufsfachschule Altenpflege der Conerus-Schule (BBS) Norden zusammen mit ihren Lehrerinnen und der Berufsschulpastorin vorbereitet. Ihre Ausbildung hatten die Schülerinnen und Schüler in verschiedenen stationären und ambulanten Altenpflegeeinrichtungen des Landkreises Aurich im August 2011 begonnen. Die Vorbereitung des Gottesdienstes begann ab Oktober 2011 im Rahmen des theoretischen Schulunterrichtes in verschieden Lernfächern und -feldern. Es folgte eine Phase von etwa einem Monat, in der die Schülerinnen und Schüler in der Praxis den künftigen Gottesdienstteilnehmerinnen und -teilnehmern begegnen konnten, bevor der Gottesdienst am 20. Dezember 2011 gefeiert wurde. In dieser Phase haben die Schülerinnen und Schüler die Elemente des Gottesdienstes vorbereitet, mit den künftigen Teilnehmenden eingeübt und die für den Gottesdienst notwendigen Materialien erstellt.

Darüber hinaus haben einige Kinder und Jugendliche mitgewirkt (Streichquartett und Engel).

2. Die Zielgruppe

Dementiell erkrankte Menschen brauchen eine sichere, vertraute und fördernde Umgebung (in Bezug auf Menschen und Räume), vertraute Abläufe sowie eine klare Strukturierung. Da wir mittelschwer bis schwer an Demenz erkrankte Menschen einladen wollten, die in der Regel nicht mehr zu Hause durch Angehörige versorgt werden können, haben wir uns entschieden, mit der AWO Norden zusammenzuarbeiten und den Gottesdienst mit dort lebenden Menschen, ihren Angehörigen, den Mitarbeitern sowie allen, die durch die regionalen Presse und in den Gemeinden angesprochen wurden, zu feiern.

Wir konnten die Wochen zwischen der Planung und der Feier des Gottesdienstes nutzen, um Kontakte herzustellen und die dementiell erkrankten Menschen auf den Gottesdienst vorzubereiten. Sie wurden im Rahmen von Beschäftigungs- und Bewegungsangeboten in Kleingruppen durch die Schülerinnen und Schüler der BBS mit Elementen des Gottesdienstes vertraut gemacht.

3. Der Gottesdienstraum

Als Ort für die Gottesdienstfeier bot sich der große Speisesaal des Altenpflegezentrums der AWO Norden an, gut erreichbar durch breite Flure, sichere Treppenhäuser und vor allem große Aufzüge. So feierten wir in einem Raum, der den meisten der Teilnehmenden vertraut war. Der Raum konnte variabel eingerichtet werden und bot viel Platz für Rollstühle, Gehhilfen, Rollatoren und stützende Helfer. Um Situationen und Räume besser erkennen zu können, benötigen Menschen mit Demenz helles Licht. Ausreichende Lichtquellen sollen Schattenbildungen verhindern und Wege besser ausleuchten. Dadurch können auch Stürze vermieden werden. So waren der Saal und seine Zugänge grundsätzlich hell ausgeleuchtet. Nur in besonderen Phasen wurden die Lichter gedimmt, um die Konzentration auf das Licht, das gebracht und verteilt wurde, zu lenken.

Um Sicherheit und Orientierung zu geben, blieben das gewohnte Mobiliar (Stühle, Tische, Vitrinen) und die vertrauten Dekorationselemente (Fensterdekoration, Adventskranz, Krippe) im Saal.

4. Der Gottesdienst und seine Gestaltung

»Vom Himmel hoch – Gott spüren mit allen Sinnen: Mit Herz und Hand und Tat und Leben« waren Motto und Ziel für den Gottesdienst mit an Demenz erkrankten Menschen. Die zentrale Weihnachtsbotschaft, dass Gott in Jesus Christus zu seinen Menschen kommt, und zwar ganz besonders zu den Menschen, die es schwer haben und durch Krankheit, Behinderung, Einsamkeit oder Armut am Rande stehen, sollte in diesem Gottesdienst mit allen Sinnen spürbar werden.

Jesus ging zu denen, die Hilfe brauchten und die sich selbst nicht helfen konnten. Er forderte seine Jünger auf, sich der Armen, Kranken und Bedürftigen anzunehmen: »Was ihr getan habt einem von diesen meinen geringsten Brüdern, das habt ihr mir getan« (Matthäus 25,40b). Dabei unterstrich er die Botschaft von der Nähe Gottes durch seine Gemeinschaft mit den Menschen, indem er sie anrührte, sie heilte, mit ihnen redete und Tischgemeinschaft mit ihnen hielt – er wirkte unter ihnen mit Herz und Hand und Tat und Leben.

Diese Botschaft wollten wir durch unser gottesdienstliches Handeln und Reden umsetzen und dabei das im Unterricht erworbene Wissen um Demenzerkrankungen, ihre Ursachen und Krankheitsverläufe, die Symptome und Auswirkungen auf den Alltag sowie die möglichen Erleichterungen und Hilfsmöglichkeiten anwenden.

Fächerübergreifend wurde zum Thema »Pflege von Menschen mit Demenzerkrankungen« dieser Gottesdienst als großes Unterrichtsprojekt geplant und durchgeführt. Er schien geeignet zu sein, die verschiedenen Lernfelder der Ausbildung in Theorie und Praxis miteinander zu verbinden und gleichzeitig Schule und menschliches Miteinander in Begegnung und Feiern zusammenzubringen.

Ethische Grundfragen der Pflege sowie die individuellen Lebensgeschichten der Einzelnen sind dabei in den Blick genommen worden, der Zusammenhang zwischen *Biografie* und Identitätsfindung wurde erarbeitet und in der Begegnung mit den Menschen wahrgenommen.

Die *Aktivierung* der erkrankten Menschen sollte gleichberechtigt neben dem eigenen Tun und Darbieten stehen, d.h. alle Gottesdienstabschnitte sollten die Sinne der am Gottesdienst Teilnehmenden ansprechen, sie zum Hören, Sehen, Riechen, Tasten, Fühlen und eigenem aktiven Mitmachen anregen. Dabei entwickelten die Schülerinnen und Schüler viele Interaktionen, die entweder aus dem Alltag vertraut sind (Trauben essen; Brot in die Hand nehmen, brechen, kauen) oder die Vertrautes und Geübtes in einen ganz neuen Zusammenhang stellen und ihnen so eine neue Bedeutung geben (Lichtertanz, an der Hand fassen, Abendmahl mit Brot und süßen Trauben).

4.1 Kommunizieren

Menschen mit Demenz reagieren positiv auf Redewendungen und den Dialekt ihrer Herkunftsfamilie. Es ist davon auszugehen, dass viele unserer Gottesdienstteilnehmer(innen) evangelisch-lutherisch geprägt sind (über 90 % der Ostfriesen gehören der Evangelisch-Lutherischen Kirche Hannovers an). Sie sind während ihrer Kindheit und Konfirmandenzeit vertraut geworden mit liturgischen Elementen nach Agende I, traditionellen Liedern und Bibelworten in der Übersetzung der Lutherbibel. Die meisten Ostfriesen sind sprachlich im weit verbreiteten und oft genutzten Plattdeutsch mehr beheimatet als im Hochdeutschen, das erst in den letzten Jahrzehnten dem Plattdeutschen den Rang abgelaufen hat.

Dennoch benutzen wir im Gottesdienst eine gepflegte hochdeutsche Alltagssprache (einfache Formulierungen, gebräuchliche Wendungen) für die Gebete und Ansprache. Die Überlegung, den Gottesdienst in Plattdeutsch zu gestalten, wurde verworfen, da ein nicht geringer Prozentsatz der von uns angesprochenen Gottesdienstteilnehmer(innen) aus anderen Regionen zugezogen ist und die Sprache nicht versteht. Trotzdem soll Plattdeutsch in der persönlichen Begegnung gesprochen werden.

Die Bibel- und Liedtexte entnehmen wir aus der in Ostfriesland gebräuchlichen Luther-Bibelübersetzung und dem Evangelischen Kirchengesangbuch. Wir suchen Lieder, die eine weite Verbreitung haben und die mit hoher Wahrscheinlichkeit von allen gekannt werden (viele können diese Texte auswendig).

Die Redetexte (Begrüßungen, Ansprache/Predigt, Überleitungen) werden konsequent auf ein Minimum reduziert. Die Verkündigung soll vor allem durch das Tun und die Nähe zu den Menschen geschehen und für alle Sinne greifbar vermittelt werden.

4.2 Wertschätzung und Empathie

Wir wollen Menschen mit Demenz mit Empathie und Wertschätzung begegnen. Voraussetzung für jedes Gespräch ist eine vertraute Atmosphäre. Alle am Gottesdienst Teilnehmenden sollen sich persönlich angesprochen fühlen. Wir schaffen deshalb im Gottesdienst Situationen, in denen jeder Einzelne Zuwendung erfährt:

Abholen auf dem Zimmer, Begrüßung vor dem Gottesdienstraum durch Pastorin und »Engel«, auf den Platz bringen und versorgen, »Engel« zeigen jedem das Licht, jeder bekommt ein Licht in einem

Glas überreicht, jeder wird aufgefordert, das Brot und die Trauben anzufassen, zu fühlen, abzubrechen, zu essen, alle bekommen einen Zuspruch und werden gesegnet, werden verabschiedet.

Wir bemühen uns bei dieser persönlichen Ansprache, allen auf Augenhöhe zu begegnen und Nähe herzustellen: Soweit möglich, begegnen wir uns mit Augenkontakt, berühren uns leicht an Hand oder Arm, sprechen jeden mit Namen an, ermutigen zum Mitmachen. Durch die große Zahl der Mitwirkenden und die Vertrautheit der Schüler(innen) mit den Gottesdienstteilnehmenden wird dieser hohe Anspruch zu einem guten Teil realisiert.

Die Verbundenheit miteinander wird zum Abschluss beim Segen für alle sichtbar und fühlbar gemacht: Alle fassen sich an der Hand, die Schüler(innen) schließen die Lücken. Gemeinsam und verbunden stehen wir als Kinder Gottes, als Schwestern und Brüder, unter dem Segen, der uns durch unseren Alltag hilft.

4.3 Geistige und körperliche Ressourcen stärken

Auch wenn Demenzkranke nur noch eingeschränkt mit Worten kommunizieren können, bleibt ihr Gedächtnis, vor allem für Zahlen und Symbole intakt. Viele können den eigenen Namenszug, z. B. am Zimmer oder auf Schriftstücken, noch lange erkennen. Daten aus der Kindheit bleiben länger abrufbar und was in der Kindheit gelernt wurde, ist oft noch vorhanden. Aus diesem Grund nutzen wir traditionelle Texte und Gebete und integrieren traditionelle Weihnachtslieder und Symbole. Wir rufen sinnliche Eindrücke aus der Kindheit wach, z. B. den Duft von frischem Bauernbrot.

Bewegungselemente im Gottesdienst wurden schon einige Wochen vorher in Beschäftigungsstunden geübt (z. B. die Elemente des Lichtertanzes) und nach und nach zu einem Ganzen zusammengefügt. Teile der im Gottesdienstraum verteilten Engel wurden mit Gottesdienstteilnehmenden zuvor hergestellt (die Flügel wurden in kreisenden Bewegungen mit den Fingern mit Gips bedeckt, andere setzten die Figuren zusammen), für die anschließende Teestunde wurde mit verschiedenen Teilnehmer(inne)n gebacken. So war der Gottesdienst für die meisten der anwesenden Menschen mit Demenzerkrankung schon lange im Vorfeld immer wieder Thema.

»Unterstütze den Menschen in dem, was er kann, dann kann er sehr viel« – diesem Grundsatz versuchten wir während des gesamten

Gottesdienstes zu folgen. Menschen mit Demenz haben unterschiedliche Bewegungsmuster. Sie sitzen entweder häufig lange Zeit auf einem Platz oder wandern ruhelos umher. Tätigkeiten können zu einem Ausgleich ihrer Bewegungslosigkeit oder ihres erhöhten Bewegungsdranges führen. Dies beginnt mit einfachen Dingen. Im Gottesdienst bemühen wir uns, die Teilnehmenden viel selbst machen zu lassen, z. B. eine Traube abzupflücken, in den Mund führen, zu kauen, zu schlucken, Brot abzubrechen und zu essen, die Kerze selbst zu halten, einen Sitztanz mit Lichtern mitzumachen. Durch die große Anzahl der Mitwirkenden war es auch hier möglich, sehr viel Bewegung in den Gottesdienst zu integrieren, ohne die dementen Menschen zu überfordern oder gar zu gefährden (Umgang mit offenem Feuer).

Wir wollten uns auch an Grundsätze halten, die für den Alltag in der Pflegeeinrichtung gelten: Menschen mit Demenz sollen solange wie möglich an gemeinsamen Mahlzeiten teilnehmen. Je nach Religion oder Kultur wird vor oder nach dem Essen ein Tischgebet gesprochen. Dieser Grundsatz ließ sich in der Abendmahlsfeier sehr gut umsetzen. Auch Rituale der Sonn- und Feiertage, wie z. B. eine weiße Tischdecke, ein besonderes Geschirr oder besondere Speisen, haben wir im Herrichten des Altars und der Teller und Tabletts mit den Abendmahlsgaben beachtet.

Menschen mit Demenz bedienen sich selbst oder werden vom Tisch aus bedient – wir haben versucht, die Gottesdienstteilnehmenden so viel und so weit wie möglich selbst zugreifen zu lassen, hatten aber genug Helfer, um allen ggf. notwendige Unterstützung zu geben. Wichtig war auch hier die Abwägung: Braucht dieser Mensch mit Demenz Hilfe oder braucht er nur Zeit, um selbst tätig zu werden (genügend Zeit für diesen Abschnitt hatten wir eingeplant)?

Gunter Odrich/Heike Meisel-Schmitz

5. »Du salbest mein Haupt mit Öl«

Salbungsgottesdienst mit Kindern im Diakonischen Altenzentrum Graupa bei Dresden

Der Salbungsgottesdienst mit Kindern im Diakonischen Altenzentrum Graupa bei Dresden

Kinder begrüßen als Schafe verkleidet am Eingang die Gottesdienstteilnehmerinnen und -teilnehmer.

Orgelmusik

Wechselgruss

Liturg(in): Der Herr sei mit euch.
Gemeinde: Und mit deinem Geist. Amen.

Begrüssung

Zu diesem Gottesdienst begrüßen wir nicht nun die Bewohnerinnen und Bewohner des Diakonischen Altenzentrums, sondern auch wieder die Kinder der Kirchgemeinde Graupa-Liebethal, die mit dem Salbungsteam und unserer Gemeindepädagogin diesen Salbungsgottesdienst vorbereitet haben. Und wir begrüßen die Kirchentagsgäste, die im Rahmen der Gottesdienstwerkstatt gekommen sind, unsere Salbungsgottesdienste in Graupa kennenzulernen und mitzufeiern. Wir feiern Gottesdienst mit Herzen, Mund und Händen.
Wir laden Sie ein mitzumachen.
Der Herr segne diesen Gottesdienst.

Eingangsliturgie mit Kerzen

Wir zünden eine Kerze an.
Wir feiern Gottesdienst im Namen des Gottes,
der uns das Leben schenkt
und der unser Leben schützt und erhält.
Wir singen: Du bist da wo Menschen leben, du bist da, wo Leben ist.

Liedruf: Du bist da wo Menschen leben, du bist da, wo Leben ist (EG 623,1[1]).

Wir zünden die 2. Kerze an.
Wir feiern Gottesdienst im Namen des Sohnes Jesus Christus,
der uns Gottes Liebe gezeigt hat
und uns hilft, die Liebe weiterzugeben.
Wir singen: Du bist da wo Menschen lieben, du bist da, wo Liebe ist.

Liedruf: Du bist da wo Menschen lieben, du bist da, wo Liebe ist (EG 623,3).

Wir zünden die 3. Kerze an.
Wir feiern Gottesdienst im Namen des Geistes Gottes,
der uns Hoffnung und Kraft gibt
in einer Welt, die nicht immer gut ist.
Wir singen: Du bist da wo Menschen hoffen, du bist da, wo Hoffnung ist.

Liedruf: Du bist da wo Menschen hoffen, du bist da, wo Hoffnung ist (EG 623,2)

Gebet

1. Sprecher(in):
Gott, du ewige Liebe,
du hast in Jesus Christus alle Krankheit
und Schuld und alle Last des Lebens auf dich genommen.
Wir bitten dich, tritt du in unsere Mitte und stärke uns.
Mache uns frei von allen selbst verschuldeten Zwängen,
heile du uns von der Schwachheit unseres Glaubens,
der Armut unserer Liebe und der Trägheit unseres Leibes.
Gib uns deine Lebenskraft, damit wir stark werden an Leib und Seele.
Schenke uns die Glaubenskraft, nach deinem Heil Ausschau zu halten.
Gib uns in deiner großen Barmherzigkeit Heilung nach deinem Wohlgefallen.

1 Ausgabe Hessen-Nassau und Kurhessen-Waldeck.

2. Sprecher(in):
Jesus Christus, du unser Bruder, du bist für uns den Weg des Leidens gegangen.
Wir bitten dich um deine Nähe besonders für alle,
die selbst viel Leid tragen müssen.
Richte uns auf durch die Kraft deines Kreuzes.

3. Sprecher(in):
Heiliger Geist, du Tröster unseres Lebens,
erfülle uns in unserer menschlichen Krankheit und Schwäche
mit deiner himmlischen Stärke.
Belebe uns mit deiner göttlichen Liebe.
Amen.

Lied

Lobe den Herren, den mächtigen König (EG 317,1–4)

Schriftlesung (Jakobus 5,13–16)

Leidet jemand unter euch, der bete; ist jemand guten Mutes, der singe Psalmen. Ist jemand unter euch krank, der rufe zu sich die Ältesten der Gemeinde, dass sie über ihm beten und ihn salben mit Öl in dem Namen des Herrn. Und das Gebet des Glaubens wird dem Kranken helfen, und der Herr wird ihn aufrichten; und wenn er Sünden getan hat, wird ihm vergeben werden. Bekennt also untereinander eure Sünden und betet füreinander, dass ihr gesund werdet. Des Gerechten Gebet vermag viel, wenn es ernstlich ist.

Predigt

1. Teil

Liebe Gemeinde!
Vor einigen Jahren habe ich folgende Szene erlebt: Auf einem Kirchentag hatte ein kleines Mädchen seine Eltern im Gedränge aus den Augen verloren. Die Kleine stand da und weinte. Sofort traten einige Erwachsene auf das Mädchen zu und fragten: »Wie heißt du?«, »Woher kommst du?« »Wie heißen deine Eltern?« Das Mädchen weinte nur noch mehr. Es konnte gar nicht mehr zuhören. Und es

konnte nichts sagen. Eine Gruppe ausländischer Kirchentagsbesucher kam vorbei. Eine Frau streckte dem Kind die Hand hin – und lächelte. Sie sagte keinen Ton und das Mädchen beruhigte sich. Nun streckte die Frau ihr beide Arme hin und machte eine Handbewegung: Diese verstand das Kind gleich. Die Kleine ging zu ihr. Die Frau nahm sie hoch, hielt sie einen Moment über die Köpfe der Menschen und keine Minute später hatte das Kind seine Mama entdeckt. Sie lachte, die Tränen trockneten schnell. Es war alles wieder gut.

Vor 250 Jahren bewegte den Preußischen König, Friedrich II. eine interessante Frage: Welche Sprache sprechen Menschen, wenn man ihnen keine Sprache beibringt? Er machte ein Experiment: Er ließ kleine Waisenkinder so aufwachsen, dass niemand mit ihnen sprach und sich mit ihnen beschäftigte. Sie bekamen nur etwas zu essen. Was meint ihr, welche Sprache haben die Kinder gesprochen? Wie haben sie sich unterhalten, als sie größer wurden? (*Antworten abwarten.*)

Die Kinder haben gar nicht miteinander geredet. Viel schlimmer noch, sie sind alle gestorben. Friedrich II. sagte dazu: »Sie vermochten nicht zu leben ohne das Händepatschen und das fröhliche Gesichterschneiden und die Koseworte ihrer Ammen.«

Wir wissen heute, die Kinder konnten nicht leben, weil niemand sich mit ihnen beschäftigt hatte. Niemand hat sie angefasst, sie wurden nicht gestreichelt und nicht geknuddelt. Keiner hat sie geküsst. Es ist offenbar für unser Leben ganz wichtig, dass wir uns berühren. Sich in die Augen schauen, sich streicheln und zärtlich zueinander sein ist genauso wichtig wie Essen und Trinken. Das ist die Sprache des Herzens. Es ist toll, dass diese Sprache des Herzens jeder versteht, ob er Japaner, Russe, Amerikaner oder Deutscher ist. Diese Sprache versteht sowohl ein Baby als auch ein geistig schwer behinderter Mensch. Einfach jeder.
Diese Sprache hilft und heilt und schenkt Leben. Davon haben meine beiden Geschichten erzählt. Und diese Sprache wird auch hier im Altenzentrum gesprochen – bei der Pflege und Betreuung der vielen alten Menschen. Wie sie auch den Weg in den Gottesdienst gefunden hat, wird uns jetzt Pfarrer Odrich erzählen:

2. Teil

Ich habe gespürt, wie wichtig diese Sprache des Herzens auch hier im Diakonischen Altenzentrum ist. Als ich hier vor acht Jahren mit den alten Bewohnerinnen und Bewohnern die ersten Gottesdienste feierte, fiel mir auf, dass die Leute beim Verabschieden nach dem Gottesdienst immer meine Hand festhielten. Sie ließen meine Hand einfach nicht wieder los. Warum? Ich merkte, irgendwas fehlte im Gottesdienst, sonst würden dich doch die alten Menschen nicht so festhalten.

Das Festhalten, das Berühren der Hände sollte nicht nach dem Gottesdienst, sondern im Gottesdienst geschehen, dachte ich. Mir fiel ein, wie ich bei einem Kirchentagsgottesdienst einmal miterlebt hatte, wie Menschen sich sehr nahe gekommen waren. Sie hatten sich mit den Händen berührt. Sie hatten sich gegenseitig gestreichelt. Sie hatten dazu sehr gut riechendes Öl verwendet. Mir hatte das einfach gut getan. Das war mir zu Herzen gegangen. Ich erinnerte mich daran, und ich wusste auf einmal: So etwas fehlt hier in Graupa auch. Ein Gottesdienst mit Berührung und Anfassen und heiligem Öl. Mit einem Kollegen, der ähnliche Erfahrungen gemacht hatte und einer Gruppe von Gemeindegliedern und Mitarbeitern dieses Hauses haben wir diese ungewöhnliche Form der Gottesdienste besprochen, vorbereitet und dann auch gefeiert.

3. Teil

Einige Jahre später entstand die Idee, diese Salbungsgottesdienste mit den Heimbewohnern und Kindern gemeinsam zu feiern. Denn Kinder können besonders gut streicheln und haben oft weniger »Berührungsängste« als Erwachsene. Wir machten wunderbare Erfahrungen. Deshalb feiern wir hier in diesem Haus schon seit sechs Jahren einmal im Jahr Salbungsgottesdienste mit Kindern. Es ist schön, dass wir das auch heute wieder tun können: Ganz junge und ganz alten Menschen singen und beten miteinander. Sie kommen sich nahe, berühren sich und heilen sich vielleicht sogar. Es ist schön, dass Ihr und Sie alle dabei seid.

Salbungen, Berührungen mit heiligem Öl kennen wir aus Geschichten der Bibel. Ein Beispiel aus dem Jakobusbrief haben wir schon gehört. Im Psalm vom Guten Hirten, ist auch davon die Rede: Du salbest mein Haupt mit Öl und schenkest mir voll ein. Die Worte dieses Psalms wollen wir nun miteinander beten – mit Herzen, Mund und Händen.

Szenische Lesung (Psalm 23)

Für die szenische Umsetzung stehen folgende Materialien bereit:
Eine Sonne und ein Mond, jeweils an einer langen Angel,
Kunstrasen und große, bunte Blumen aus Pappe,
ein blaues Tuch und blaue Stoffstreifen als Wasser,
viele kleine Becher mit einem Schluck Wasser.

Die Kinder sind alle als Schafe verkleidet, ein Kind als Wolf. Ein Kind spielt den Hirten.

Lesung	**szenische Umsetzung (auf Chorpodest)**
	Die Sonne hochziehen.
Der Herr ist mein Hirte, mir wird nichts mangeln.	*Hirte und Schafe kommen nach vorne.*
Er weidet mich auf einer grünen Aue.	*Kunstrasen legen, Blumen aufstellen.*
Er führet mich zum frischen Wasser.	*blaues Tuch als See und Streifen als Bäche legen.*
Er erquicket meine Seele.	*Schluck frisches Wasser an die Teilnehmenden verteilen.*
Er führet mich auf rechter Straße	*Schaf läuft weg und wird vom Hirten*
um seines Namens willen.	*zurückgeholt zur Herde.*
Und ob ich schon wanderte im finstern Tal, fürchte ich kein Unglück.	*Sonne geht unter, Mond geht auf.*
Denn du bist bei mir.	*Schafe suchen Nähe/Schutz beim Hirten.*
Dein Stecken uns Stab trösten mich.	*Streicheln der Schafe und der Heimbewohner.*

Du bereitest vor mir einen Tisch im Angesicht meiner Feinde.	*Salbungstisch bereiten, Schalen mit Öl bereit stellen, Wolf kommt und stellt sich dazwischen und wird vom Hirten vertrieben.*
Du salbest mein Haupt mit Öl.	*Die Kinder nehmen die Schalen mit dem Salböl in die Hände.*

LIED

Laudate omnes gentes (EG 181.6)

SALBUNG

Kleine Gruppen von je 4–5 Personen gehen zu den Gottesdienstteilnehmerinnen und -teilnehmern. Ein Kind hält die Schale mit dem Salböl, eine Person »stützt« den zu Salbenden hinter dem Stuhl (Rollstuhl). Die Kinder sind automatisch mit den zu Salbenden auf Augenhöhe, die Erwachsenen begeben sich mit ihnen auf Augenhöhe, indem sie hocken oder knien. Der »Beistand« legt die Hände »stützend« auf die Schultern der zu Salbenden, so dass die Berührung nicht als Last empfunden wird.
Während der Salbung meditative Orgelbegleitung.

Erwachsener:
Sage mit bitte deinen Vornamen.

Kind (*nennt den Vornamen):*
Ich segne und salbe dich im Namen des Vaters
und des Sohnes und des Heiligen Geistes.
Es zeichnet ein Kreuz in die Handflächen und auf die Stirn.

Erwachsener:
So spricht der Herr, der dich geschaffen hat:
Fürchte dich nicht, ich habe dich erlöst,
ich habe dich bei deinem Namen gerufen, du bist mein.

Kind:
Gott hat dich lieb. Amen.

Es legt die Hände des Demenzkranken wieder zusammen und danach vorsichtig in den Schoß zurück.

Psalmgebet

Sind alle Gottesdienstteilnehmerinnen und -teilnehmer gesalbt, treffen sich die Salbungsteams am Altar und beten gemeinsam mit den Teilnehmenden:

Du salbest mein Haupt mit Öl und schenkst mir voll ein.
Gutes und Barmherzigkeit werden mir folgen mein Leben lang
und ich werde bleiben im Hause des Herrn immerdar.
Ehre sei dem Vater und dem Sohn und dem Heiligen Geist
wie es war im Anfang, jetzt und immerdar und in Ewigkeit.
Amen.

Kindergebet (*Alle Kinder sprechen gemeinsam*)

Wo ich gehe, wo ich stehe,
bist du, lieber Gott, bei mir,
wenn ich dich auch niemals sehe,
weiß ich dennoch, du bist hier.

Vater unser

Vater unser im Himmel.
Geheiligt werde dein Name.
Dein Reich komme.
Dein Wille geschehe,
wie im Himmel so auf Erden.
Unser tägliches Brot gib uns heute.
Und vergib uns unsere Schuld,
wie auch wir vergeben unsern Schuldigern.
Und führe uns nicht in Versuchung,
sondern erlöse uns von dem Bösen,
denn dein ist das Reich und die Kraft
und die Herrlichkeit in Ewigkeit.
Amen.

Lied

Herr, wir bitten, komm und segne uns (EG 590[2], nur 2x Refrain)

Sendung

Leg dein Herz in die Hände.
Überall auf dem Kirchentag begegnen uns die Herzen.
Ihr wisst schon, die Handherzen.
Und die können wir auch formen.
Herzen aus unseren Händen.

Wir halten unsere Handherzen vor die Brust.
Spürt einmal leise, wie euer Herz schlägt.
Wer mag, schließt dabei die Augen.
Manchmal hat euer Herz ganz doll gepocht. Erinnert ihr euch?
Als ihr euren Liebsten das erste Mal geküsst habt.
Oder als der Vater aus dem Krieg nach Hause gekommen ist.
Oder als in unserem Land die Mauer gefallen ist
und ihr den Bruder nach so vielen Jahren wieder gesehen habt
oder ihr euch mit ganz fremden Menschen in den Armen lagt.
Als ihr euer Baby das erste Mal im Arm gehalten habt.

Oder als du im Krankenhaus warst
und Mama und Papa dich besucht haben.
Oder, oder, oder.
Und wenn euch solche Erinnerungen kommen,
dann fängt euer Herz jetzt wieder an,
ein bisschen lauter zu schlagen. Spürt ihr das?
Spürt die Kraft eurer Herzen!
Nehmt dieses Gefühl in eure Hände. Haltet es fest.
Öffnet langsam wieder die Augen.
Und schaut jetzt nach rechts oder links zu eurem Nachbarn.
Reicht ihm die Hand, auch nach rechts und links.
Fasst fest zu. Ihr spürt eine Kraft, die verbindet, die heilsam ist.
Das tut gut. Das heilt.

2 Ausgabe Hessen-Nassau und Kurhessen-Waldeck.

Glaubensbekenntnis

Und während wir so fest zusammenhalten, nehmen wir den dreieinigen Gott in unsere Mitte und verbinden uns in Gedanken mit der weltweiten Christenheit und bekennen:

Ich glaube an Gott,
den Vater, den Allmächtigen,
den Schöpfer des Himmels und der Erde.

Und an Jesus Christus,
seinen eingeborenen Sohn, unsern Herrn,
empfangen durch den Heiligen Geist,
geboren von der Jungfrau Maria,
gelitten unter Pontius Pilatus,
gekreuzigt, gestorben und begraben,
hinabgestiegen in das Reich des Todes,
am dritten Tage auferstanden von den Toten,
aufgefahren in den Himmel;
er sitzt zur Rechten Gottes,
des allmächtigen Vaters;
von dort wird er kommen,
zu richten die Lebenden und die Toten.

Ich glaube an den Heiligen Geist,
die heilige christliche Kirche,
Gemeinschaft der Heiligen,
Vergebung der Sünden,
Auferstehung der Toten
und das ewige Leben.
Amen.

Segen

Der Herr segne dich und behüte dich.
Der Herr lasse sein Angesicht leuchten über dir und sei dir gnädig.
Der Herr erhebe sein Angesicht auf dich und gebe dir Frieden.
Amen.

Musik zum Ausgang

Konzeptionelle Überlegungen

Im Frühjahr 2003 kam ich als Pfarrer in diese Kirchgemeinde Graupa-Liebenthal. Ein beachtlicher Teil meines Dienstes geschah im Diakonischen Altenzentrum in Graupa, das damals etwa 70 Bewohnerinnen und Bewohner zählte. Bis zu viermal im Monat feierten wir evangelische Gottesdienste. Dabei fiel auf, wie wichtig den Teilnehmenden die persönliche Begegnung bei der Verabschiedung nach dem Gottesdienst war. Viele haben die Hand des Liturgen ungewöhnlich lange festhalten. Im Gespräch mit einem Kollegen haben wir dies als nonverbale Botschaft begriffen und kamen zu dem Schluss, dass den bisherigen Gottesdiensten Nähe und Berührung fehlten. Der agendarische Predigtgottesdienst berührt für alte oder dementiell erkrankte Menschen zu sehr den Verstand und zu wenig das Gefühl.

Der in der Erneuerten Agende vorgeschlagene Gottesdienst mit Salbung schien uns richtungsweisend. Und so haben wir begonnen, Gemeindeglieder und Mitarbeiter für das Projekt zu gewinnen. Es bildete sich eine Vorbereitungsgruppe, in der Erfahrungen zusammengetragen und erste Gottesdienstkonzepte entworfen wurden. Der Besuch des Ökumenischen Kirchentages in Berlin und die Teilnahme an einer großen Salbungsfeier mit Walter Hollenweger wirkte dann wie eine Initialzündung. Nun hatten wir den nötigen Mut für die praktische Umsetzung. Wir mischten Salböl,

probierten Düfte, salbten und übten, tauschten unsere Erfahrungen und Empfindungen aus. Nach fast einem Jahr Vorbereitung luden wir die ganze Gemeinde zum ersten Salbungsgottesdienst ins Altenzentrum ein. Die Erfahrungen dieses ersten Gottesdienstes waren so mutmachend, dass wir diese Gottesdienstform zum festen Bestandteil des Gottesdienstlebens in der Graupa-Lieberthaler Kirchgemeinde gemacht haben. Drei- bis viermal jährlich gibt es seither einen Salbungsgottesdienst im Diakonischen Altenzentrum.

Einem schlichten »Planungsfehler« war es zu verdanken, dass die Kinder der Kirchengemeinde zum Salbungsgottesdienst hinzukamen. So entstand die kühne Idee, die Kinder in das Salbungsritual einzubeziehen und entsprechend vorzubereiten. Der erste Salbungsgottesdienst mit Kindern war ein überwältigendes Erlebnis. Die Kinder kamen mit ihren zarten Händen den alten Menschen näher als die Erwachsenen. Die Kinder waren mit ihnen viel mehr auf »Augenhöhe« und zwar sowohl in Bezug auf ihre körperliche Größe als auch wegen ihrer »emotionalen Höhe«. Die Kinderhände schienen schon dadurch heilend zu wirken, dass sie Erinnerungen an eine »heile Welt« der Kindheit weckten.

Trotz mancher kritischer Stimmen zur Beteiligung von Kindern an der Salbung erhielten wir die Gelegenheit, unser Gottesdienstformat auf dem 33. Evangelischen Kirchentag in Dresden in der Gottesdienstwerkstatt vorzustellen.

Der oben dargestellte Gottesdienst ist dieser Kirchentagsgottesdienst in Graupa. Die Liturgie wurde leicht verändert, um der besonderen Situation gerecht zu werden. Insbesondere die Predigt trägt der Anwesenheit von Kirchentagsgästen Rechnung und erläutert einige Hintergründe. Ansonsten beschränkt sich die Predigt in den Salbungsgottesdiensten auf eine ganz kurze Andacht mit wenigen Sätzen und viel Symbolgehalt.

Ich halte unser Gottesdienstformat für gut geeignet, in Alten- und Pflegeeinrichtungen und mit an Demenz erkrankten Menschen gefeiert zu werden. Allerdings möchte ich davor warnen, das Konzept einfach zu übernehmen. Es bedarf in jedem Fall einer guten Vorbereitung und einer langfristigen Hinführung, damit die nötige Akzeptanz erreicht wird. Es kommt häufig auf Kleinigkeiten an. So haben wir die Gesten rund um die Salbung und die Salbung selbst mehrfach intensiv geprobt. Darüber hinaus ist bei der Vorbereitung zu bedenken, dass es bei der Salbung zu einer großen emotionalen Nähe kommen kann, die ausgehalten und eingeübt werden muss. Die Salbenden berichten, dass die Salbungen Kraft kosten, oft so etwas wie ein »Energieabfluss« spürbar ist. Deshalb wechseln sich die Salbenden in den Teams beim Salben ab. Besonders, wenn Kinder mitwirken, ist darauf zu achten, dass sie emotional nicht überfordert werden. Die Kinder dürfen nicht gedrängt werden, sie müssen gut vorbereitet sein, sollten möglichst das Umfeld der alten Leute bereits kennen. Und schließlich sind sowohl Kinder als auch Erwachsene nicht an jedem Tag in der Lage, diesen Dienst am Nächsten gern und gut zu bewältigen.

Ursula Plote/Ivonne Tholen

6. »Die Kirche hat Geburtstag«

Gottesdienst mit Demenzkranken
in der Ev.-luth. Kirchengemeinde Bant

Der Gottesdienst mit Demenzkranken in der Ev.-luth. Kirchengemeinde Bant

Vorbereitete Materialien
- *Ablauf mit Liedtexten für alle Teilnehmer/innen*
- *Bilder von Kirchen, »Kirchenkekse« (Mürbekekse in Form einer Kirche),*
- *Flipchart, dicker Filzstift*

Musik

Begrüssung

Wir sind hier versammelt im Namen Gottes,
des Vaters und des Sohnes und des Heiligen Geistes. Amen.

Liebe Gemeinde,
herzlich willkommen zum Gottesdienst.
Wie schön, dass Sie gekommen sind.
In diesen Tagen feiern wir in der Kirche ein Fest.
Das ist das Pfingstfest!
Pfingsten ist der Geburtstag der Kirche!
Ein Geburtstag soll immer ein fröhlicher Tag sein.
Dem Geburtstagskind wird ein Lied gesungen.
Zum Beispiel: »Viel Glück und viel Segen auf all deinen Wegen,
Gesundheit und Frohsinn sei auch mit dabei.«

Hier kann die Möglichkeit bestehen, dass ein(e) Teilnehmer(in) spontan das Lied anstimmen wird und die anderen einfallen werden.

LIED

Wie lieblich ist der Maien (EG 501,1–3)

PSALM 118 IN AUSWAHL

Dies ist der Tag, den Gott, der Herr, macht,
lasst uns freuen und fröhlich an ihm sein.
O Herr, hilf, o Herr, lass wohl gelingen!
Gelobet sei, der da kommt, im Namen des Herrn,
Der Herr ist Gott, der uns erleuchtet.
Schmückt das Fest mit Maien
und danket dem Herrn, denn er ist freundlich
und seine Güte währet ewiglich.

GLORIA PATRI (EG 177.1)

GEBET

Guter Gott, lieber Vater,
wir sind gern zum Gottesdienst gekommen.
Wir danken dir für unsere Gemeinschaft und deinen guten Geist.
Wir singen gern zu deiner Ehre und loben dich
und unseren Heiland Jesus Christus.
Amen.

LIEDVERS

Vom Aufgang der Sonne bis zu ihrem Niedergang (EG 456)
Mit angeleiteten Bewegungen:
Vom Aufgang der Sonne = Hände werden zum Kreis über dem Kopf erhoben;
bis zu ihrem Niedergang = Hände werden im Kreis wieder gesenkt;
sei gelobet der Name des Herrn = Klatschen)

HINFÜHRUNG ZUM THEMA »DIE KIRCHE HAT GEBURTSTAG«

1. Was ist eine Kirche?
Stegreifzeichnung à la »Das ist das Haus vom Nikolaus« (Flipchart).
Die Teilnehmer(innen) raten: Was für ein Gebäude ist das?
Was soll noch dazu gemalt werden?
Antworten der Teilnehmer/innen werden ggf. notiert.

2. Welche Kirche ist das?
Großformatige Bilder von nahegelegenen Kirchengebäuden werden gezeigt.
Die Teilnehmer(innen) äußern ihre Vermutungen, welche Kirchen auf den Bildern abgebildet sind.

3. Ist das eine Kirche?
Foto einer Hüttenkirche aus Mexiko wird gezeigt[1].
Die Teilnehmenden antworten auf die Frage, ggf. müssen sie durch Impulse dazu angeregt werden.

LESUNG (Apostelgeschichte 2,1–8.11b–12.14.17.36–37)

Als der Pfingsttag gekommen war, waren die Jünger alle an einem Ort beisammen.
Da geschah ein Brausen vom Himmel wie ein gewaltiger Wind und erfüllte das ganze Haus, in dem sie saßen. Und es erschienen ihnen Zungen, zerteilt wie von Feuer, und setzten sich auf jeden von ihnen. Da wurden sie alle erfüllt vom heiligen Geist. Und sie fingen an zu predigen in anderen Sprachen, wie der Geist ihnen eingab auszusprechen.
Und vielen Menschen, die das hörten, ging es durchs Herz und sie sprachen zu Petrus und den anderen Jüngern: Ihr Männer, liebe Brüder, was sollen wir tun? Petrus sprach zu ihnen:
Jeder von euch lasse sich taufen auf den Namen Jesu Christi. So werdet ihr die Gabe des Heiligen Geistes empfangen.

PREDIGT

Liebe Gemeinde!
Was eine Kirche ist, weiß jeder und jede von uns: ein Haus Gottes. In einer Kirche versammeln sich Menschen, um von Gott zu hören und mit Gott zu reden.
Erinnern Sie sich an eine ganz besondere Kirche* – die Kirche, in der Sie konfirmiert wurden? Oder in der Sie mit Ihrem Mann/mit Ihrer Frau getraut wurden? * Oder die schöne Kirche in Ihrem Heimatort?*

* Pausen, damit Teilnehmer/innen sich äußern können.

1 Siehe Anhang.

Viele Leute besichtigen gern Kirchen im Urlaub.
Manchem tut es auch gut, einmal ganz still allein in einer Kirche zu sein.
Aber eigentlich meint das Wort »Kirche« nicht ein Haus, sondern Menschen.
Das haben wir eben in der Bibellesung gehört:
Die Jünger sitzen traurig zusammen, als Jesus gestorben ist.
Da kommt Gottes Geist über sie wie ein frischer Wind.
Und sie werden fröhlich und mutig!

Die Kirche soll eine gute Gemeinschaft sein. Gott ist ja bei ihr mit seinem Geist.
In der Kirche ist Jesus lebendig, denn Gott hat ihn auferweckt.
Gottes Geist macht uns froh. Er ist bei uns.
Darum feiern wir Pfingsten, den Geburtstag der Kirche.
Wir danken Gott, dass wir zusammen sind. Amen.

LIED

O komm, du Geist der Wahrheit (EG 136,1.4.7)

FÜRBITTEN

Guter Gott, lieber Vater, wir bitten dich
für alle Menschen, die an dich glauben:
Dass sie in Frieden mit allen anderen Menschen leben.
Schenk eine gute Gemeinschaft unter uns Christen.
Behüte unsere Kirche
und sei bei allen Menschen, die dich suchen.
Amen.

VATER UNSER

Vater unser im Himmel.
Geheiligt werde dein Name,
dein Reich komme,
dein Wille geschehe wie im Himmel, so auf Erden.
Unser tägliches Brot gib uns heute
und vergib uns unsere Schuld,
wie auch wir vergeben unseren Schuldigern.
Und führe uns nicht in Versuchung,

sondern erlöse uns von dem Bösen.
Denn dein ist das Reich und die Kraft
und die Herrlichkeit in Ewigkeit.
Amen.

Segen

Der Herr segne dich und behüte dich.
Der Herr lasse leuchten sein Angesicht über dir und sei dir gnädig.
Der Herr erhebe sein Angesicht auf dich und gebe dir Frieden.
Amen.

Kurzes musikalisches Nachspiel

Persönliche Verabschiedung

Am Ausgang erhält jede(r) Teilnehmer(in) einen in Folie verpackten »Kirchenkeks« als Geschenk.

Konzeptionelle Überlegungen

Einleitung

Gottesdienste mit Demenzkranken und ihren Angehörigen in einer Kirchengemeinde sind ein neues Angebot und eine neue Aufgabe. In unserer Gemeinde gibt es solche Gottesdienste, denn seit 2008 ist das Gemeindehaus ein Mehrgenerationenhaus, in dem mehrmals in der Woche Demenzkranke ambulant, vormittags oder nachmittags, in der Gruppe »Herz und Seele« betreut werden. Neben dem Gemeinde-Mehrgenerationenhaus steht die große neugotische Kirche. Sie rief und ruft Erinnerungen wach, bei den Betreuten, aber auch bei Angehörigen: »Ist das ne Kirche? Kann man da mal reingehen?« »Ach, wie gerne ginge ich mal wieder in den Gottesdienst. Aber Vater ist ja so unruhig.« »Weihnachten ohne Kirche, das ist doch nichts!«

Solche Erlebnisse ermutigten die Leiterin der Gruppe »Herz und Seele«, die erste Adventsfeier mit einem kurzen Gottesdienst in der Kirche zu planen. Pastorin und Gruppenleiterin gestalteten ihn gemeinsam. Im Gemeindebrief und auch in der Lokalzeitung wurde dazu eingeladen. Nicht alle aus der Betreuungsgruppe und ihre Angehörigen kamen beim ersten Mal. Dafür kamen neue Gäste und Angehörige. Die bekannten alten Weihnachtslieder sangen fast alle begeistert mit. Auch sonst waren Aufmerksamkeit und Beteiligung groß. Der Wunsch wurde laut, regelmäßig solche in Inhalt und Dauer auf die Möglichkeiten der Demenzkranken zugeschnittenen Gottesdienste zu feiern.

Seitdem bieten wir Gottesdienste für diese Zielgruppe an. Wir nennen sie »Gottesdienste für den Augenblick«. Sie berücksichtigen die besonderen Bedürfnisse und Einschränkungen demenzkranker Menschen. Gleichzeitig nehmen wir die Angehörigen oder Betreuenden in den Blick. Die Gottesdienste sind öffentlich, d.h. es wird regelmäßig in der Kirchenzeitung und in der Lokalpresse dazu eingeladen. Zunächst waren es drei Gottesdienste im Jahr in den Zeiten, in denen »man« früher auf jeden Fall zur Kirche ging (Weihnachten, Karfreitag bzw. Ostern, Erntedank).

Eine überraschende Auswirkung hatte das neue Angebot auf die Gottesdienste in einer großen Senioreneinrichtung im Bereich der Kirchengemeinde. Die Zahl der Demenzkranken oder sonst altersbedingt eingeschränkten Menschen ist auch dort sehr hoch. Es lag nahe, auch dort »Gottesdienste für den Augenblick« zu feiern. Die Senioren reagierten sehr positiv auf diese neue Gestaltung der Gottesdienste.

Oft gehen die demenzkranken Teilnehmer(innen) angeregt und erfreut aus dem Gottesdienst, bewahren aber wenig oder gar nichts als Erinnerung. Das ist für uns und auch für die Angehörigen gelegentlich schmerzhaft zu erleben. Aber Gottesdienste für den Augenblick sind Gottesdienste in der Gegenwart Gottes. Nicht mehr und nicht weniger!

»Wo zwei oder drei in meinem Namen versammelt sind, da bin ich mitten unter ihnen.« Diese grundlegende Bestimmung christlichen Gottesdienstes (Matthäus 18,20) gilt auch für Menschen mit Demenzerkrankungen. Ihnen begegnen wir infolge der demographischen Entwicklung in Pflegeeinrichtungen und in unseren Gemeinden immer häufiger. Demenzkranke haben spezielle Formen des Verstehens. Wenn wir mit ihnen Gottesdienste feiern, nehmen wir ernst, was aus reformatorischer Perspektive grundlegend für den christlichen Gottesdienst ist: Er muss christusbezogen, gemeinschaftsbezogen und verständlich sein[2] – und muss nicht zwangsläufig sonntags morgens um 10 Uhr stattfinden!

2 Vgl. dazu ausführlich Grethlein, Christian: Grundfragen der Liturgik, 66–75.

Gottesdienste mit Demenzkranken sind vollgültige Gottesdienste wie andere Gottesdienste auch, Gottesdienste mit Kindern, mit Schülern, mit Familien, mit Berufsgruppen usw. Sie haben allerdings ein besonderes Anforderungsprofil, gerade was die beiden Grundkriterien Gemeinschaft und Verständlichkeit betrifft. Denn Demenzkranke leben »im Augenblick« und in gewissem Umfang in der Vergangenheit. Ein Beispiel zeigt das:

> Das Ehepaar A. ist mit dem demenzkranken Onkel zum Gottesdienst gekommen. Herr A. ist skeptisch, ob der Onkel zeitlich und inhaltlich durchhalten wird: »Er ist immer so unruhig und versteht nichts mehr.« Die Glocken läuten, die Orgel spielt, die Pastorin liest einen Psalm und hält eine kurze, bildreiche Predigt. Der Onkel folgt aufmerksam und singt auch mit. Der Neffe ist bewegt: »Er kennt doch noch die Lieder, von ganz früher. Und jetzt ist er so wach. Die Kirche tut ihm gut.«

Im geschilderten Fall dürfte die Tatsache, dass der Neffe und seine Frau überhaupt mit dem Onkel zum Gottesdienst kamen, schon den Gemeinschaftsbezug gefördert haben. Gemeinsame Teilhabe fördert die durch Christus gestiftete Gemeinschaft (1.Korinther 10,16–18).[3] Die Auswahl altbekannter Choräle hat vielleicht geholfen. Erinnerungen wurden wach, Fähigkeiten wieder aktiviert. Und die Atmosphäre des Kirchenraumes könnte ein Übriges getan haben. Wenig später mag es so sein, dass sich der Onkel überhaupt nicht mehr an den Gottesdienst erinnert. Aber »im Augenblick« hat er Anteil gehabt, auch wenn er der Predigt, trotz Einsatz eines Bildes, nicht folgen konnte.

In Gottesdiensten mit Demenzkranken sollten nicht verbal-kognitive Formen der Verkündigung im Vordergrund stehen, sondern Elemente der sinnlichen Wahrnehmung, der elementaren rituellen Vollzüge und des Rückgriffs auf Erfahrungen der Demenzkranken in früheren Lebensaltern. Anders gesagt: wir feiern Gottesdienste mit eben diesen Beteiligten. Wir bevorzugen deshalb den Begriff der Kommunikation des Evangeliums (Ernst Lange). Der Begriff Kommunikation ist offener als der der Verkündigung und orientiert sich nicht allein an der Rede oder der liturgischen Sprache. Er nimmt ernst,

3 Vgl. a. a. O., 63 f.

dass Verstehen ein wechselseitiger Prozess ist, zu dem sinnlich wahrnehmbare Zeichen, Handlungen und Anknüpfungsmomente gehören. Kommunikation umfasst weitere Möglichkeiten der Beteiligung und der Anteilnahme über Reden und Hören hinaus und ist zudem durch den Bezug auf Jesus Christus inhaltlich eindeutig bestimmt.

1. Zeit und Raum

1.1 Gottesdienst in der Zeit

Zeit ist eine anthropologische Grundkonstante.[4] Demenzkranke freilich nehmen die Zeit anders wahr als Gesunde. Häufig geht ihnen das Kurzzeitgedächtnis verloren, das Langzeitgedächtnis aber wird intensiver. In späteren Stadien der Erkrankung nehmen Demenzkranke die Zeit u. U. gar nicht mehr wahr, sondern leben nur im Augenblick.

Theologisch gesehen markiert Zeit eine wichtige Dimension: Lebensalter, Lebensdeutung und Wendepunkte des Lebens orientieren sich an der Zeit. Im Kirchenjahr strukturieren religiöse Deutung und Gestaltung die Zeit.

Für den Gottesdienst mit Demenzkranken ist die Zeit einerseits von geringer Bedeutung: die Zusage der Gegenwart Gottes, Trost, Segen und Ermutigung gelten auch ohne Zeitempfinden. Andererseits hat der Gottesdienst die Chance, in seiner Gestaltung Früheres – Gehörtes, Erfahrenes, Getanes, Empfundenes – wieder zugänglich und für die Kommunikation des Evangeliums fruchtbar zu machen.

Das Altvertraute ist darum in Gottesdiensten mit Demenzkranken besonders wichtig. Dabei können gerade Gesten und Handlungen für Menschen mit geringer kirchlicher Bindung besonders hilfreich sein. Eine Handauflegung beim Segen, das Anfassen der Hände beim Schlusslied oder auch das Mitklatschen bei einem Lied mag auch beim religiös wenig geprägten Mensch Vertrautes wachrufen.

4 Vgl. zur Zeittheorie: Saß, Marcell: Frei-Zeiten mit Konfirmandinnen und Konfirmanden, in: APrTh 27, 226–239.

1.2 Gottesdienst und Raum

Auch der Raum gehört zu den Grundkonstanten menschlicher Existenz. Bei Demenzkranken hat sich oft die Beziehung zum Raum, zu den Lebensräumen, verändert. Manche Räume bleiben ihnen, im buchstäblichen Sinne, verschlossen.

Zum Altvertrauten gehört bei vielen Menschen auch der Kirchenraum, sei es aus Gottesdiensten, sei es von Kirchenbesichtigungen auf Reisen. In unseren Gottesdiensten kann ihnen dieser Raum und damit die Erinnerung an Kirchenräume wieder eröffnet werden. Oder es können sich Gefühle des Aufgehoben-Seins oder Erlebnisse von Feierlichkeit einstellen.[5]

Theologisch ist die Bedeutung des Raum-Erlebens in Gottesdiensten nicht zu unterschätzen. Der Altar mit Blumen, Kerzen und Kreuz, die Orgel, der Talar der Pastorin, Fensterbilder und architektonische Besonderheiten erzeugen eine spezifische Gestimmtheit. Die gemeinsame Teilhabe der Demenzkranken und ihrer Angehörigen fördert zudem das Gemeinschaftsgefühl. Wo Gottesdienste in multifunktionalen Räumen in Pflegeeinrichtungen stattfinden, kann durch eine entsprechende Ausgestaltung (Blumen, Kerzen, Kreuz usw.) für die Erkennbarkeit als Andachtsraum gesorgt werden.

1.3 Gesegnet werden – gesegnet sein

»Christlicher Segen führt … in die Grundhaltung christlichen Glaubens Gott gegenüber ein, das Empfangen.«[6] Segnen ist eine menschheitsgeschichtlich sehr alte Kommunikationsform. Dahinter steht der Wunsch, in Zeit und Raum behütet und geborgen zu sein. Für Demenzkranke ist es hilfreich, im sinnlich wahrnehmbaren Gestus und Zuspruch des Segens beteiligt zu werden. Dazu ist ein ausgeprägtes Zeit- und Raumbewusstsein nicht nötig. Andererseits kann das Erleben einer Segenshandlung Erinnerungen wachrufen: Wie einem als Kind die Mutter beim Abschied über den Kopf strich oder wie der Pastor einem bei der Konfirmation oder der Trauung die Hand auflegte.

5 Vgl. zum Gottesdienst im Raum: Klie, Thomas: Gottesdienst im Raum, in: Christian Grethlein/Günther Ruddat (Hg.), Liturgisches Kompendium, 260–281, 269: »Dass ein Gottesdienstraum mit dem korrespondiert, was sich in ihm planvoll ereignet, hängt mit seiner Gestaltung, mit seinem Zeicheninventar zusammen.«

6 Grethlein, Christian: Grundinformation Kasualien, 73.

Neben den bekannten Segensgesten und Segenssprüchen sind in Gottesdiensten mit Demenzkranken auch die kleinen Gesten der Gemeinschaft hilfreich wie einander die Hand geben, einem Sitznachbarn die Hand drücken oder auch – dies gilt besonders für die Angehörigen oder Betreuer(innen) – einem Demenzkranken die Hand oder die Wange streicheln. Darum ist für uns das Gesegnet-Werden im Augenblick und die Erinnerung an das Gesegnet-Sein in der eigenen Lebensgeschichte besonders wichtig.

2. Die Beteiligten

Das Grundanliegen des Gottesdienstes mit Demenzkranken ist es, innere Ruhe zu fördern und ein Gefühl von Aufgehoben-Sein und Angenommen-Sein bei Gott und in der Gemeinschaft zu vermitteln. Er knüpft deshalb an Vertrautes an.

Zwei Beispiele:

> Frau G. wird von ihrer Betreuerin zum Gemeindehaus gefahren, vorbei an der Kirche. Frau G. hebt den Kopf, betrachtet die Kirche lange stumm, aber aufmerksam und sagt dann: »Ist das ne Kirche?« – Nach einer längeren Pause: »Ich bin früher mit meiner Großmutter immer in die Kirche gegangen. Das war schön.«

> Bei Frau M., 97, früheres Gemeindemitglied und eifrige Kirchgängerin, haben Sehkraft und Gehör sehr nachgelassen, Wahrnehmung und Erinnerung auch. Aber am Schluss des Gottesdienstes gibt es bei ihr oft einen Moment des Erkennens und der Lebhaftigkeit: »Sieh mal, Mutter, wer da ist, Pastorin T!« Frau M. strahlt und drückt der Pastorin die Hand.

2.1 Menschen mit Demenz

Demenzkranke sind Beteiligte am Gottesdienst. Sie werden aus ihrem alltäglichen Kontext herausgelöst, können zur Ruhe kommen, aber auch anderes, Neues oder Vertrautes entdecken. Sie erfahren sich als Teilnehmende und sogar Mitgestaltende. Sie werden geachtet, gewürdigt und gesegnet. Sie dürfen sich frei bewegen, fragen, pfeifen oder kommentieren. Konventionen und Verhaltensregeln, die ihnen zuvor womöglich die Teilnahme an Gottesdiensten erschwert oder auch unmöglich gemacht haben, gelten hier nicht.

Wer demenzkrank ist, hat vielleicht gemerkt, was ihm oder ihr fehlt oder Mühe macht. Im Gottesdienst wird die Einschränkung nicht verschwiegen oder klein geredet. Sie wird stattdessen einbezogen und zwar entlastend, ermutigend und tröstend.

2.2 Angehörige

Auch die Angehörigen sollen beteiligt werden. Sie erleben sich als von Gott getragen in ihrer Verantwortung und Begleitung eines Menschen mit dementiellen Symptomen. Es darf auch ausgesprochen werden, dass diese Aufgabe nicht immer leicht ist. Herausforderungen, Scheitern, Schuldgefühle, Angst, Ärger und Hilflosigkeit können eingestanden und benannt werden. Klage und Dank sollen in diesem Gottesdienst Zeit und Raum haben.

Es ist eine Entlastung, einen erkrankten Menschen, der in der Regel rund um die Uhr betreut wird, einmal mit anderen Augen zu sehen: Es tut gut, ohne Angst vor der Reaktion der Umwelt auf dementiell bedingte Verhaltensweisen zu entdecken, welche Schätze, Gaben und Fähigkeiten bei dem erkrankten Menschen immer noch vorhanden sind.

Die Ausgrenzung der Betroffenen und ihrer Angehörigen durch Demenz wird durchbrochen. Ängste und Befürchtungen, selbst in eine solche Situation zu kommen, können im Gottesdienst kommuniziert werden.

2.3 Ehrenamtliche und professionelles Pflegepersonal

Was für die Angehörigen gilt, trifft auch auf ehrenamtliche Mitarbeiter/innen und professionelles Pflegepersonal zu. Professionelles Pflegepersonal ist häufig durch hohen Leistungs- und Zeitdruck belastet. Die Gottesdienste bieten die Möglichkeit, die Betreuten und ggf. deren Angehörige einmal in anderen Zusammenhängen zu erleben.

Ehrenamtlichen und Pflegekräften bietet der Gottesdienst eine Gelegenheit, eigene Fragen, Ängste und Hoffnungen einzubringen. Sofern sie sich aktiv an der Gottesdienstgestaltung beteiligen, verstärken sie die Verstehensmöglichkeiten für die Demenzkranken, weil sie die Gemeinschaft im Glauben anschaulich machen.

2.4 Die Ortsgemeinde

Unsere Gottesdienste mit Demenzkranken finden an einem Wochentag in der Kirche statt, und zwar an einem der Betreuungstage. So bleibt der gewohnte Zeitrahmen erhalten, was für Gäste, Angehörige und Mitarbeiter(innen) hilfreich ist. Die Frage, ob nicht doch auch zum Gottesdienst am Sonntag eingeladen werden sollte oder gar müsste, stellt sich uns nicht. Aus zwei Gründen: dementiell erkrankten Menschen fällt die Orientierung in Raum und Zeit häufig schwer. Wenn es gelungen ist, eine neue Umgebung vertraut werden zu lassen, wozu in diesem Fall der Kirchenraum gehört, dann ist es nicht geraten, zusätzlich Neues, etwa einen anderen Tag oder eine andere Uhrzeit, zuzumuten. Zum anderen, und dies ist theologisch und liturgisch bedeutsam, ist der Gottesdienst am Wochentag dem Gottesdienst am Sonntag nicht nachgeordnet.

Wichtig ist uns, dass auch die Gottesdienste mit Demenzkranken und ihren Angehörigen öffentliche Gottesdienste sind. Wenn nicht betroffene Gemeindeglieder bisher nur vereinzelt den Weg in diese speziellen Gottesdienste finden, wird in der Öffentlichkeit doch sehr wohl wahrgenommen, dass es ein solches Angebot gibt. Entsprechend werden diese Gottesdienste nicht nur im Gemeindebrief, sondern auch in der Lokalzeitung bekanntgemacht. In Krankenhäusern und Pflegeheimen werden Plakate aufgehängt oder Handzettel ausgelegt, die den Gottesdienst ankündigen. So wird auch Außenstehenden die Möglichkeit gegeben, mit ihren von Demenz betroffenen Angehörigen teilzunehmen, wenn sie dies wollen. Gleiches gilt für die Wahrnehmung Kirchenferner.

Die Gottesdienste finden außerdem zu Zeiten statt, in denen Gruppen mit anderen Schwerpunkten (Konfirmanden, Senioren, Kinder) im Gemeindehaus sind. Es findet eine Begegnung statt, räumlich (man begegnet sich im Gemeindehaus oder vor der Kirche) oder auch kommunikativ (Fragen und Gespräche entstehen ganz von selbst, sobald die erste Scheu, abgelegt ist).

2.5 Pastor(innen)

Es gibt in der theologischen Diskussion zurzeit sehr unterschiedliche Versuche, die Rolle der Geistlichen im Gottesdienst zu bestimmen. Wir favorisieren den Pastor, die Pastorin als Kommunikatoren! Kommunikatoren sind mehr als Prediger(in), auch mehr als Sprecher(in) agendarischer Texte. Sie eröffnen, begleiten und fördern die Kommunikation des Evangeliums auf vielfältige Weise.

Im Gottesdienst mit Demenzkranken ist also die Wahrnehmung der tatsächlichen Situation ohne Rückgriffe auf Formen oder Traditionen wichtig. Wenn er ein Gottesdienst mit aktiver Beteiligung von Demenzkranken sein soll, sind Kenntnisse dementieller Erkrankungen unerlässlich. Dazu gehört, wie schon erwähnt, dass Demenzkranke »im Augenblick« leben. Es gilt also, liturgisch und homiletisch elementare Formen zur Kommunikation des Evangeliums einzusetzen: Einen Psalm hören, ein Bild betrachten, eine Frucht anfassen, einander die Hand geben, das Abendmahl empfangen, das Vaterunser beten, ein Lied singen und vieles andere sinnlich Erfahrbare mehr.

Dabei kommt dem Singen besondere liturgische Bedeutung zu. Im Singen hat die Gemeinde aktiven Anteil an der Kommunikation des Evangeliums. Im Singen erfahren sich Demenzkranke und ihre Angehörigen oder Betreuenden intensiv als Gemeinschaft. Durch das Singen werden Erinnerungen, Fähigkeiten und Kenntnisse wach. Eine liturgische Gestaltung mit Beteiligten entsteht, die die im Alltag übliche Rollenverteilung Kranke-Pfleger(innen) in den Hintergrund treten lässt.

Dass die Demenzerkrankung den Gestaltungs- und Verstehensmöglichkeiten im Gottesdienst Grenzen setzt, sei nicht verschwiegen. Einige werden bald unruhig, andere nicken ein, mancher Angehörige ist völlig auf seinen Kranken fixiert und kann selber nicht zur Ruhe kommen. Dies alles stellt hohe Anforderungen an diejenigen, die den Gottesdienst vorbereiten und gestalten. Und das sind neben dem Pastor, der Pastorin viele Mitarbeiter(innen) und Helfer(innen), die diese im Gottesdienst nicht nur entlasten, sondern die Kommunikation des Evangeliums im Sinne des evangelischen Priestertums aller Gläubigen zusätzlich anschaulich und erfahrbar machen.

Dr. Wiebke Bähnk/Annelie Conradi

7. »Ich geb' dir einen Engel mit …«

Gottesdienst (nicht nur) für dementiell Erkrankte und alle, die sie begleiten, in St. Markus-Hoheluft, Hamburg

Der Gottesdienst (nicht nur) für dementiell Erkrankte und alle, die sie begleiten, in St. Markus-Hoheluft, Hamburg

ORGELVORSPIEL

BEGRÜSSUNG

»Gott hat seinen Engeln befohlen, dass sie dich behüten auf allen deinen Wegen.«

Liebe Gemeinde, unter diesem Vers aus dem 91. Psalm feiern wir heute Gottesdienst. Einen Engel bei sich zu haben, ist ein wunderbares Bild für Gottes Nähe und Begleitung. Wo Gott nicht selten unbegreiflich, fremd und fern scheint, da stehen die Engel für seine Nähe, für die Seite, die er uns zuwendet. Sie stehen für die Verbindung zwischen Gott und uns, die uns fest zugesagt ist und der wir trauen dürfen, gerade auch dann, wenn vieles andere brüchig zu werden scheint. »Ich geb' dir einen Engel mit …«, so heißt unser Gottesdienst. »Ich will dir ein wenig Zuversicht mitgeben, die Zuversicht, dass Du in allem und trotz allem begleitet und behütet bist«, das soll damit gemeint sein.

Manche von Ihnen sind in einer Lebenssituation, entweder als Erkrankte oder als Angehörige und Pflegende, in der die Erfahrung von Begleitung, Unterstützung und Stärkung hilfreich und oft notwendig ist. Ein kleines Stück Begleitung und Stärkung soll auch dieser Gottesdienst sein. An manchen Stellen im Gottesdienst, beim Evangelium, beim Vaterunser und beim Segen, sind wir es in St. Markus gewohnt aufzustehen. Heute möchte ich alle bitten, es so zu machen, wie Sie es können. Stehen Sie auf, wenn Sie mögen und können, bleiben Sie sitzen, wenn Sie nicht aufstehen können oder mögen. So, wie jeder und jede es macht, ist es gut.

Und nun lasst uns diesen Gottesdienst feiern im Namen Gottes, des Vaters und des Sohnes und des Heiligen Geistes. Amen.

Lied

Die güldne Sonne (EG 449,1–4)

Psalm 91

Wer unter dem Schirm des Höchsten sitzt
und unter dem Schatten des Allmächtigen bleibt,
der spricht zu dem Herrn: Meine Zuversicht und meine Burg,
mein Gott, auf den ich hoffe.
Denn er errettet dich vom Strick des Jägers
und von der verderblichen Pest.
Er wird dich mit seinen Fittichen decken,
und Zuflucht wirst du haben unter seinen Flügeln.
Seine Wahrheit ist Schirm und Schild,
dass du nicht erschrecken musst vor dem Grauen der Nacht,
vor den Pfeilen, die des Tages fliegen,
vor der Pest, die im Finstern schleicht,
vor der Seuche, die am Mittag Verderben bringt.
Denn der Herr ist deine Zuversicht,
der Höchste ist deine Zuflucht.
Es wird dir kein Übel begegnen,
und keine Plage wird sich deinem Hause nahen.
Denn er hat seinen Engeln befohlen,
dass sie dich behüten auf allen deinen Wegen,
dass sie dich auf den Händen tragen
und du deinen Fuß nicht an einen Stein stoßest.

Kyrie

Barmherziger Gott, allein gelassen, müde und erschöpft,
voller Fragen und Zweifel – nicht selten sieht unser Leben so aus.
In allem sehnen wir uns nach deiner Nähe,
nach der Zuversicht, dass wir auf deine Begleitung vertrauen dürfen.
Wir bitten dich: Herr, erbarme dich:

Liedruf: Kyrie eleison (EG 178.2)

Gloria

Gnädiger Gott, du hast deinen Engeln befohlen,
dass sie uns behüten auf allen unseren Wegen.
Zu unserem Schutz hast du sie geschaffen,
zu unserer Begleitung hast du sie gesandt.
In ihrer Gegenwart spüren wir, dass du uns nahe sein willst,
dass wir mit dir verbunden sind und bleiben.
Dafür preisen wir dich:

Liedruf: Gott in der Höh sei Preis und Ehr (EG 180.2)

Eingangsgebet

Barmherziger Gott, in deinem Namen kommen wir zusammen.
Die einen von uns kommen mit Hoffnung, Freude und Zuversicht,
die anderen mit Sorgen und Ängsten,
mit Kraftlosigkeit und Überforderung, mit Schmerzen.
Wir bitten dich, sieh uns an, nimm uns an, so wie wir sind,
und lass uns bei dir geborgen sein.
Im Hören auf dein Wort, Gott, und in der Gemeinschaft
lass uns deine Nähe und Zuwendung spüren.
Das bitten wir dich durch deinen Sohn, Jesus Christus,
der unser Bruder ist und Helfer,
jetzt und allezeit und von Ewigkeit zu Ewigkeit.
Amen.

Lesung (1. Könige 19,4–8)

Elia aber ging hin in die Wüste eine Tagereise weit und kam und setzte sich unter einen Wacholder und wünschte sich zu sterben und sprach: Es ist genug, so nimm nun, Herr, meine Seele; ich bin nicht besser als meine Väter.

Und er legte sich hin und schlief unter dem Wacholder. Und siehe, ein Engel rührte ihn an und sprach zu ihm: Steh auf und iss! Und er sah sich um, und siehe, zu seinen Häupten lag ein geröstetes Brot und ein Krug mit Wasser. Und als er gegessen und getrunken hatte, legte er sich wieder schlafen.

Und der Engel des Herrn kam zum zweiten Mal wieder und rührte ihn an und sprach: Steh auf und iss! Denn du hast einen weiten Weg vor dir.

Und er stand auf und aß und trank und ging durch die Kraft der Speise vierzig Tage und vierzig Nächte bis zum Berg Gottes, dem Horeb.

Lied

Befiehl du deine Wege (EG 361,1–2.6–7)

Predigt

Gnade sei mit Euch und Friede von Gott, unserm Vater, und Jesus Christus, unserm Herrn.

Liebe Gemeinde!
Ich habe Ihnen ein Bild mitgebracht. Auf dem Bild ist ein wunderschöner Engel dargestellt. Das Bild gehört meiner Tochter. Sie hat es in diesem Jahr zur Konfirmation geschenkt bekommen. Vor ein paar Wochen hat sie es sich über ihr Bett gehängt; im Moment ist es sogar das einzige Bild, das da hängt. Ein Engel, direkt neben ihr. Dort wacht er über ihr, über ihren Schlaf, ihre Träume. Als ich vor ein paar Jahren hierher in diese Gemeinde kam, bekam ich auch einen Engel geschenkt. Einen kleinen Bronzeengel. Die Frau, die ihn mir damals schenkte, sagte zu mir: »Ich geb' Ihnen einen Engel mit. Der soll Sie behüten und begleiten.« Als mein Mann im vergangenen Jahr krank wurde, habe ich ihm den Engel ins Krankenhaus mitgegeben; und als er wieder entlassen wurde, hat er ihn seinem Bettnachbarn geschenkt, dem es sehr schlecht ging. Was auch immer auf den Bettnachbarn wartete, er sollte wissen, dass er begleitet ist, dass er nicht allein gelassen ist.
»Ich geb' Dir einen Engel mit …« Wer einem anderen Menschen einen Engel mitgibt, ganz wortwörtlich, als Figur, als Bild, oder wer ihn als Gedanken oder Wunsch mitgibt, der sagt damit zu ihm: Ich möchte, dass Du weißt, dass Du nicht allein bist, ich möchte, dass du weißt, dass Gott dich ansieht, dich kennt, bei dir ist. Ganz egal, wie es dir geht, auch wenn gerade kein anderer Mensch bei dir ist, wenn du dich verlassen fühlst, der Engel soll dir sagen: Gott ist dir allezeit nahe. Deshalb schickt er dir einen Engel. Der soll ein Bote sein zwischen Gott und dir. *Dir* soll er sagen, dass Gott dir nahe sein will. Und *Gott* soll er sagen, was du hoffst und wünscht, was du beklagst und beweinst. Er soll ihm

sagen, wenn deine Kraft nachlässt, wenn du traurig bist und nicht mehr weiterweißt. Gesandte Gottes mitten in unserem Leben zu sein, dass ist der Engel eigentliche Aufgabe. Und indem sie von Gott zu uns kommen, stehen sie für das Vertrauen, dass wir hier auf Erden nicht allein sind: »Wir sollen durch sie wissen, dass wir in dieser Welt nicht verlassen sind«. So hat Martin Luther es gesagt. In Psalm 91, den wir vorhin gebetet haben, heißt es: »Gott hat seinen Engeln befohlen, dass sie dich behüten auf allen deinen Wegen.« Die Engel haben von Gott Aufgaben bekommen: sie sollen behüten und bewahren, sie sollen den Weg weisen, wo wir nicht mehr weiterwissen, sie sollen uns aufhelfen, wenn unsere Kraft am Ende scheint, so wie es der Prophet Elia erlebt hat. Wir haben die Geschichte aus dem Alten Testament vorhin gehört. Elia ist von Angst und Einsamkeit bedrängt; alles, was er getan hat, scheint ihm umsonst gewesen zu sein, sein Mut ist gebrochen. Ohne Hoffnung ist er, sein Leben liegt in Scherben. »Da legte er sich hin und schlief unter dem Wacholder.« Doch da rührt ihn ein Engel an: »Steh auf und iss«, sagt er zu ihm. Und noch ein zweites Mal: »Steh auf und iss. Sonst ist der Weg zu weit für dich.« Er bringt Elia dazu, das Lebensnotwendige zu sich zu nehmen, das, was er braucht, um neue Kraft zu schöpfen. Elias Angst ist nicht verschwunden, seine Traurigkeit nicht besiegt – aber er kann wieder aufbrechen, den Weg wieder unter die Füße nehmen.

Wie viel das bedeutet, kann jeder ermessen, der einmal selbst gespürt hat, dass die Kraft nicht mehr zu reichen scheint. Nicht mehr für die nächste Stunde und schon gar nicht für den nächsten Tag, die nächste Woche. Wenn die Last der Verantwortung übergroß wird, die Müdigkeit zum Dauerzustand. Gerade dann bleibt Gott nicht für sich, sondern hört und sieht uns, das ist die Botschaft dieser Geschichte. Gerade dann schickt er einen Engel, der uns aufhilft.

Die wichtigste Aufgabe, die die Engel von Gott bekommen haben, ist sicher die des Schutzes. Vielleicht haben Sie Bilder aus Ihrer Kindheit vor Augen, in denen ein Engel ein Kind an einem Abgrund festhält. Oder Sie haben damals gesungen:

»Breit aus die Flügel beide, o Jesu, meine Freude,
und nimm dein Küchlein ein.
Will Satan mich verschlingen, lass die Englein singen:

Dies Kind soll unverletzet sein.«

Von Beginn an war die Vorstellung fester Bestandteil des christlichen Glaubens, dass Gott einem jeden Menschen einen Schutzengel an die Seite stellt, der ihn geleitet, von der Geburt bis zum Tod und auch danach bis in das ewige Leben. Manches Mal erfahren wir das Wirken unseres Schutzengels, wenn wir bewahrt geblieben sind, wenn etwas viel schlimmer hätte ausgehen können. Nicht immer aber bedeutet das Wirken des Schutzengels, dass alles gut geht – leider nicht. Aber es bedeutet, dass jeder Mensch seine eigene Verbindung zu Gott hat, die bewahrt bleibt, auch dann, wenn uns das Leben schwer mitnimmt.

»Ich geb' dir einen Engel mit …« – ein wunderbarer Wunsch. Aber woran erkennen wir denn den Engel an unserer Seite? Manches Mal ist und bleibt er unsichtbar, nur an seinen Spuren in unserem Leben zu erkennen, wenn wir uns auf einmal getröstet und geborgen fühlen, wenn wir wieder neue Kraft bekommen, wenn sich auf einmal Wege auftun, die wir uns vorher gar nicht vorstellen konnten, wenn uns Hilfe angeboten wird oder einfach ein gutes Wort zugesagt wird – dann ist er uns nahe. Manches Mal ist er auch sichtbar, in unserem Inneren, in unseren Träumen, manches Mal auch in unserem Alltag, direkt neben uns. Vielleicht sehen wir ihn und wissen dann doch nicht, dass es ein Engel ist. Denn oft sehen die Engel, die uns geschickt werden, ja auch nicht so aus, wie wir sie uns vorstellen mögen. Beileibe nicht alle haben Flügel. Engel kommen in vielerlei Gestalt, manche sehen auch einfach aus wie du und ich, sind die, die im Alltag an unserer Seite sind, die trösten und helfen, die eine Hand reichen, die pflegen und gute Worte zu uns sagen. Menschen, du und ich, wir sind keine Engel. Aber wir können ab und zu mal von Gott dafür in den Dienst genommen werden, für andere damit zu Engeln werden. Oder wir werden von anderen Menschen auf eine solche Weise begleitet, dass sie uns zu Engeln werden. Ganz einfach im Alltag.

»Ich geb' dir einen Engel mit …« – das sagen wir Menschen einander. Aber wir sagen es in dem festen Vertrauen, dass Gott jedem und jeder von uns seine Engel mitgibt – und dass er ihnen geboten hat, uns zu behüten auf allen unseren Wegen.

Amen.

Lied

Von guten Mächten (EG 65,1–3.7)

Abkündigungen

Lied

So nimm denn meine Hände (EG 376)

Fürbitten

Unser Gott, du hast deinen Engeln befohlen, dass sie uns behüten.
Dafür danken wir dir.

Wir bitten dich:
Lass uns deine Engel spüren, wenn sie für uns da sind.
In jedem guten Wort, in jedem Moment der Nähe und Liebe,
im Trost, den wir erfahren, in jeder Geste der Zärtlichkeit und Zuwendung.

Unser Gott, der du die Quelle des Lebens bist, wir bitten dich für alle unter uns,
deren Kraft immer weniger wird, für die, die nicht wissen,
wie sie den kommenden Tag überstehen sollen,
weil Alltag und Pflege die Kraft rauben.
Sei du bei ihnen, stärke und behüte sie und sende ihnen Menschen,
die ihnen wie ein Engel zur Seite stehen.

Unser Gott, der du uns deine Hilfe zusagst, wir bitten dich für alle unter uns,
die Verantwortung und Fürsorge für andere Menschen übernehmen.
Halte ihre Belastungen in erträglichen Grenzen.
Leite sie durch deine Liebe und erfreue sie durch Zeichen der Anerkennung

Unser Gott, du Licht des Lebens, wir bitten dich für alle unter uns,
die das Gefühl haben, über ihr Leben habe sich Dunkelheit gelegt.
Lass dein Licht leuchten, lass es leuchten durch all die Menschen,
die helfen, stärken, trösten, mit aushalten, lieben.

Gib uns dein Licht, damit wir sehen, wo wir jemandem zur Seite stehen können.

Barmherziger Gott, wir bitten dich für alle, die im Sterben liegen,
zu Hause, in Heimen und in Krankenhäusern.
Lindere ihre Schmerzen und ihre Ängste,
lass sie menschliche Wärme und Nähe spüren,
stärke ihre Hoffnung auf deinen Beistand,
damit sie sich bei dir in Ewigkeit geborgen wissen.

Gnädiger Gott, der du die Gerechtigkeit liebst,
sei du mit deinem Geist bei allen Menschen, die in der Politik wirken.
Öffnc ihre Augen und Ohren auch für die Belange von alten und kranken Menschen.
Gib allen, die zu regieren und zu entscheiden haben,
Geduld, Aufrichtigkeit und ein weises Herz.

Vater unser
Vater unser im Himmel.
Geheiligt werde dein Name.
Dein Reich komme.
Dein Wille geschehe,
wie im Himmel so auf Erden.
Unser tägliches Brot gib uns heute.
Und vergib uns unsere Schuld,
wie auch wir vergeben unsern Schuldigern.
Und führe uns nicht in Versuchung,
sondern erlöse uns von dem Bösen,
denn dein ist das Reich und die Kraft
und die Herrlichkeit in Ewigkeit.
Amen.

Lied

Großer Gott, wir loben dich (EG 331,1.11)

Segen

Der Herr segne dich und behüte dich!
Der Herr lasse sein Angesicht leuchten über dir und sei dir gnädig!

Der Herr erhebe sein Angesicht auf dich und schenke dir Frieden. Amen.

ORGELNACHSPIEL

Konzeptionelle Überlegungen

Einleitung

»Oft saß er allein im Wohnzimmer und seufzte. Mich erschreckte jedesmal, wie verwundbar er wirkte, wie verlassen. Er hatte sich verändert, sein bedrückter Gesichtsausdruck sprach nicht mehr von der Verzweiflung darüber, vergesslich zu sein, sondern von der tiefen Heimatlosigkeit eines Menschen, dem die ganze Welt fremd geworden war.« So beschreibt Arno Geiger seinen an Demenz erkrankten Vater in dem 2011 erschienen Buch »Der alte König in seinem Exil«. Demenz äußert sich in verschiedenen Formen und verändert in ihren unterschiedlichen Stadien das Leben der Erkrankten auf unterschiedliche Weise. Gemeinsam aber ist den an Demenz Erkrankten die Erfahrung, die Welt um sie herum nicht mehr vollständig oder gar nicht mehr »einordnen« zu können, nur einen begrenzten Zugriff auf die eigenen Erinnerungen und damit das eigene Leben zu haben und die gegenwärtigen Erfahrungen nicht mehr mit diesem in Verbindung setzen zu können, sich nicht mehr »orientieren« zu können. Die jeweilige Umgebung, Dinge und sogar Menschen werden zunehmend als fremd empfunden, das Gefühl des »Zuhause-Seins« geht verloren.

Auch für die Angehörigen verändert die Erkrankung das Leben. Die Pflege und die Sorge um die Erkrankten, die Notwendigkeit, sich auf eine oft völlig veränderte Wahrnehmung einzustellen und nicht zuletzt die Erfahrung, mit ihren erkrankten Müttern, Vätern oder Partnern nur noch mit großen Anstrengungen an einem Leben außerhalb der eigenen vier Wände teilnehmen zu können und immer wieder auf Unverständnis und Ablehnung zu stoßen, wenn diese sich »anders« verhalten, belasten und isolieren.

Beide Lebenssituationen, sowohl die der Erkrankten als auch diejenige der (pflegenden) Angehörigen standen uns aus unserem jeweiligen Dienst in Seniorenzentrum und Gemeinde und aus privaten Erfahrungen vor Augen, als wir im Jahr 2007 den ersten »Gottesdienst (nicht nur) für dementiell Erkrankte und alle, die sie begleiten« vorbereiteten und feierten. Seitdem haben wir jedes Jahr einen entsprechenden Gottesdienst gefeiert.

1. Vorbereitung und Planung

Vorbereitet und geplant werden die »Gottesdienste (nicht nur) für dementiell Erkrankte und alle, die sie begleiten« gemeinsam vom Seniorenzentrum St. Markus, einer Einrichtung der Martha-Stiftung mit 116 Plätzen, und der ev.-lutherischen Kirchengemeinde St. Markus-Hoheluft in Hamburg. Bereits vor dem ersten gemeinsamen Gottesdienst entschieden wir uns bewusst dafür, dass er in der Kirche gefeiert werden sollte, weil der Kirchraum eine andere Wirkung entfaltet als der Andachtsraum des Seniorenzentrums. St. Markus ist eine ursprünglich neugotische Kirche, die nach ihrer Zerstörung im Juli 1943 in den Jahren 1948/49 als Notkirche nach den Entwürfen Otto Bartnings mit einem Holzdach wieder aufgebaut worden ist. In der (Innen-)Gestaltung ist sie traditionell und ermöglicht bei den Erkrankten eventuell Verknüpfungen zu Kirchräumen der Kindheit und Jugend. Das Holzdach vermittelt darüber hinaus ein besonderes Gefühl der Wärme und Geborgenheit (»Arche«); die im Jahr 1949 eingesetzten farbigen, klar konturiert und figürlich gestalteten Glasfenster von Hilde Ferber sind sinnlich sehr ansprechend – besonders wenn sie am Sonntagmorgen buchstäblich »strahlen«. Ein barrierefreier Zugang macht die Kirche zudem gut zugänglich für Rollstuhlfahrer(innen) und Menschen mit Rollatoren.

Darüber hinaus wollten wir mit der Entscheidung für die Kirche als Ort des Gottesdienstes ein Signal setzen. Wir wollten keinen Zielgruppen-Gottesdienst nur für Erkrankte feiern. Stattdessen wollten wir den Erkrankten und ihren Angehörigen im Rahmen des Gemeindegottesdienstes das Gefühl des Willkommenseins und der Zugehörigkeit vermitteln. Zugleich sollten Ängste und Hilflosigkeit innerhalb der Gemeinde abgebaut und stärker der Gedanke einer Gottesdienstgemeinde aus Kranken und Gesunden, aus Schwachen und Starken, aus Belasteten und weniger Belasteten etabliert werden. Um darin der

Aufforderung »Einer trage des andern Last, so werdet ihr das Gesetz Christi erfüllen« (Gal 6,2) Ausdruck zu verleihen, war es uns wichtig, den Gottesdienst unter vielfacher Beteiligung von Menschen aus der Gemeinde zu planen und vorzubereiten.

Konkret bedeutete das folgende Vorbereitungen und Planungen:

- Die Diakonin des Seniorenzentrums, die Gemeindepastorin und die Kirchenmusikerin planen den Gottesdienst (Thema, Auswahl der Texte, Gebete, Lieder) und feiern ihn auch gemeinsam.
- Die Diakonin des Seniorenzentrums plant und organisiert, dass alle Bewohner(innen), die an dem Gottesdienst teilnehmen möchten, die Möglichkeit zur Fahrt in die Kirchengemeinde haben; zahlreiche Pflegekräfte versorgen und unterstützen die Bewohner(innen) vor der Abfahrt, Betreuungskräfte, Angehörige und Konfirmand(innen) übernehmen die Begleitung zu Fuß, Haustechniker fahren die Busse.
- Die Diakonin der Gemeinde besucht mit den Konfirmandinnen zwei Wochen vor dem Gottesdienst das Seniorenzentrum für ein Rollstuhltraining. Die Konfirmand(innen) lernen umsichtiges Schieben, indem sie sich gegenseitig zur Kirche fahren und machen gleichzeitig Selbsterfahrung als Rollstuhlfahrer(in) und bekommen einen neuen »Blickwinkel«.
- Die Kinder aus der Kindertagesstätte der Gemeinde, besonders die Kinder der Hortgruppe, werden gebeten, für alle Gottesdienstteilnehmer(innen) ein symbolisches Geschenk zu basteln oder zu malen.
- Mehrere Frauen und Männer aus der Gemeinde bereiten ein gemütliches Kaffeetrinken vor, zu dem alle Gottesdienstteilnehmer(innen) nach dem Gottesdienst herzlich eingeladen werden. Viele Gemeindeglieder helfen den Bewohner(innen) des Seniorenzentrums aus den Bussen und begleiten sie in die Kirche.

  Die Beteiligung einer Vielzahl von Menschen verschiedener Altersstufen an der intensiven Vorbereitung des Gottesdienstes hatte Auswirkungen auf die Zusammensetzung der Gottesdienstgemeinde. Die, die mit vorbereitet hatten, feierten den Gottesdienst selbstverständlich mit – und bei manch einem veränderte das den Blick auf das eventuell bisher mit Vorbehalten besetzte Thema »Demenz«. Umgekehrt wurde und wird für die Bewohner(innen) des Seniorenzentrums und ihre Angehörigen deutlich, wie viel

Liebe in der Vorbereitung seitens der Gemeinde »steckt« – und daran zu spüren, dass keiner vergessen sein soll.

- Die Einladung zu dem Gottesdienst erfolgt über den Gemeindebrief, die Veröffentlichungen des Seniorenzentrums sowie persönliche Einladungen an die Bewohner(innen), Gäste der Tagespflege, Klienten der Ambulanten Pflege und Mieter der Dementen-WG der Martha-Stiftung in Rahlstedt. Darüber hinaus gibt es Aushänge und Veröffentlichungen in den »Wochenblättern« (Stadtteilzeitungen). Zugleich unterstützt uns die Alzheimer-Gesellschaft Hamburg e.V., die den Gottesdienst ihren Mitgliedern und Interessent(inn)en u.a. über ihre Website mitteilt. Mitglieder der Gemeinde nehmen zudem Flyer mit in Selbsthilfegruppen für pflegende Angehörige und in die Hamburgische Brücke-Gesellschaft für private Sozialarbeit e.V., die Betreuungsgruppen für demenzkranke Menschen anbietet. Wichtig ist uns dabei, auch Erkrankte zu erreichen, die zu Hause leben und dort (meist) von Angehörigen gepflegt werden, zumal diese die Mehrheit der Erkrankten darstellen und die pflegenden Angehörigen in besonderer Weise betroffen sind.
- Zu den Gottesdiensten haben wir zudem Mitarbeiter(innen) der Alzheimer-Gesellschaft Hamburg e.V. eingeladen, um einem möglicherweise vorhandenen Gesprächs- und Informationsbedürfnis insbesondere von Angehörigen nachkommen zu können.

2. Überlegungen zur Gottesdienstgestaltung

Folgende Überlegungen bestimmen die Gestaltung der Gottesdienste:

- Die Liturgie entspricht weitgehend der des in der Gemeinde auch sonst gefeierten Gottesdienstes, ist aber leicht verkürzt, um der verringerten Konzentrationsfähigkeit der dementiell Erkrankten entgegen zu kommen. Hinzu kommt, dass viele der Gottesdienstteilnehmer(innen) an dem Morgen schon eine lange »Vorbereitungszeit« mit Ankleiden, Essen, Warten auf die Abfahrt usw. hinter sich haben, wenn sie in der Kirche ankommen. Nicht zuletzt deshalb haben wir uns einen begrenzten zeitlichen Rahmen gesetzt, der sich auch auf die Länge der Predigt auswirkt.
- Sowohl die liturgischen Texte als auch die Lieder sind traditionell und gehören zu dem »Schatz« der wohlbekannten Stücke. Grund-

lage für die biblischen Lesungen ist die Luther-Übersetzung, als Segen wird der Aaronitische Segen gesprochen. Grundsätzlich haben wir uns dafür entschieden, der möglichen Erinnerbarkeit von traditionellen Texten und Liedern den Vorzug gegenüber der bis ins Letzte ausgefeilten thematischen Stimmigkeit zu geben. Schließlich ermöglicht die Erinnerung an etwas Bekanntes oder das Mitsingen und Mitsprechen einer Liedstrophe, eines Psalms oder des Vaterunsers das Gefühl von Vertrautheit, Geborgenheit und Bestätigung.

- Die Sprache der Begrüßung, der Gebete und der Predigt soll anschaulich, klar und einladend sein. Sie sind fast ausschließlich ausgerichtet auf lebensgeschichtliche Themen, die das eigene Erleben in verschiedenen Lebensphasen ansprechen. Weltgeschehen tritt ganz und gar zurück gegenüber eigener Lebensgeschichte.
- Das Thema des Gottesdienstes enthält ein Symbol, das im wörtlichen Sinne des Wortes anschaulich gemacht wird. Bei der Predigt zu »Ich geb' dir einen Engel mit …« habe ich das Bild eines Engels verwendet, das bis zum Ende des Gottesdienstes auf der Kanzel sichtbar stehen blieb. Ein Bild oder ein Symbol kann eine Wirkung haben, die an eine eigene Erinnerungen und Bilder anknüpft und zugleich nicht auf kognitive Verarbeitung angewiesen ist, sondern die sinnliche Wahrnehmung anspricht.
- Um die Anschaulichkeit zu vertiefen und einen stärkeren sinnlichen (optischen und haptischen) Eindruck zu ermöglichen, gehört zu unseren Gottesdiensten ein kleines Symbol-Geschenk. In diesem Gottesdienst waren es Engelfiguren aus selbsthärtender Tonmasse, die von den Hortkindern unserer Kindertagesstätte liebevoll gestaltet worden waren. Dieses Geschenk wurde nach der Predigt von den Kindern aus dem Hort und uns an alle mit den Worten »Ich geb' dir einen Engel mit …« einzeln verteilt.
- Der Gottesdienstablauf ist in einer Gottesdienstordnung in besonders großer Schrift abgedruckt; sie enthält die liturgischen Stücke und alle Liedtexte.
- Neben allen Überlegungen zur liturgischen Gestaltung und zu den Sprachformen hat sich für uns gezeigt, dass die Haltung der Zuwendung und Wertschätzung für die Gottesdienste von entscheidender Bedeutung ist. Sie gewinnt Gestalt in der persönlichen Begrüßung vor Beginn des Gottesdienstes am Eingang, in

der Verabschiedung, und – mindestens ebenso wichtig – in der Unterstützung während des Gottesdienstes, wenn sie gebraucht wird[1]. Wir versuchen durch unsere Haltung deutlich zu machen, dass in diesem Gottesdienst jede und jeder willkommen ist und nach ihrem/seinem Vermögen mitfeiert.

1 Dazu hat es sich bewährt, wenn Erkrankte, Angehörige, Betreuende und Gemeindeglieder »durcheinander« im Kirchenschiff sitzen und für die Rollstuhlfahrer(innen) vorne im Kirchenraum ausreichend Platz geschaffen ist.

Ulrike Merkel

8. »Und Gott wird abwischen alle Tränen«

Gottesdienst für Menschen mit einer Demenzerkrankung im Paul-Gerhardt-Werk in Offenburg

Der Gottesdienst für Menschen mit einer Demenzerkrankung im Paul-Gerhardt-Werk in Offenburg

Musik (Orgel)

Begrüssung und Eröffnung des Gottesdienstes

Liebe Gemeinde, ich begrüße Sie herzlich zu diesem Gottesdienst.

Am vergangenen Sonntag war Volkstrauertag. Und am kommenden Sonntag ist Ewigkeitssonntag. Wir sind jetzt in der Zeit des Kirchenjahres, in der wir uns an die Vergänglichkeit von allem Irdischen und an den Tod erinnern. Ganz besonders denken wir in diesen Tagen und Wochen an die Verstorbenen. Und vielleicht haben auch Sie einen Menschen verloren, an den Sie jetzt denken. Aber, liebe Gemeinde, wir rufen uns heute in diesem Gottesdienst auch die Zusagen und die Verheißungen Gottes in Erinnerung.

Im 21. Kapitel der Johannesoffenbarung finden wir eine solche Zusage, eine solche Verheißung. Hier hören wir: »Und Gott wird abwischen alle Tränen von ihren Augen, und der Tod wird nicht mehr sein …«

Und im darauffolgenden Vers heißt es: Und Gott, sprach: »Siehe, ich mache alles neu!«

Als Zeichen dafür, dass Gott einst alle Tränen abwischen wird von unseren Augen und dass der Tod nicht mehr sein wird, haben wir hier Bilder aufgehängt. Es sind Bilder von tränenden Augen mit Tüchern zum Abwischen dieser Tränen. Die schwarzen Tücher stehen für die Tücher der Trauernden. Die weißen Tücher stehen für Gott. Und der frische Blumenstrauß steht dafür, dass Gott in seinem Reich einst alles neu machen wird – in seinem Reich, das frei sein wird von Vergänglichkeit und Tod[1].

Votum

Und so feiern wir diesen Gottesdienst im festen Glauben an unseren großen Gott:
Im Namen des Vaters, des Sohnes und des Heiligen Geistes.
Gemeinde: Amen.

Lied

Großer Gott, wir loben dich (EG 331,1–3)

Kyrie

Herr, Augen, die geweint haben, sehen besser.
Nicht immer aber lassen wir unsere Trauer zu.
Hilf, dass wir weinen können, wenn uns danach zu Mute ist.
Wir rufen: Herr erbarme dich.
Gemeinde: Herr erbarme dich.

Herr, du tröstet uns, wenn wir traurig sind.
Und du hast uns zugesagt, dass du einst all unsere Tränen abwischen wirst.
Hilf, dass uns diese Zusage zuversichtlich macht in unserer Trauer und in anderen schweren Zeiten unseres Lebens.
Wir rufen: Herr erbarme dich.
Gemeinde: Herr erbarme dich.

Herr, du hast uns auch verheißen,
dass es in deinem Reich den Tod nicht mehr geben wird.
Alles wirst du dann neu machen.
Hilf, dass wir jetzt schon darauf hoffen können.
Wir rufen: Herr erbarme dich.
Gemeinde: Herr erbarme dich.

1 Die verwendeten Bilder waren mehrere Meter groß. Über und neben den Bildern wurden Stofftücher drapiert. In großer Schrift und gut lesbar standen unter den Bildern die Worte »Tränen abwischen«, und über dem Blumenstrauß, der erhöht auf einem Tischchen stand, wurden die Worte »neu machen« angebracht.

Dank- und Kollektengebet

Lasst uns nun Gott danken für die Zusagen und Verheißungen, die er uns gegeben hat.
Und lasst uns Gott Dank sagen für seine Gnade, die er uns durch Jesus Christus erwiesen hat:
Herr, unser Gott, du hast durch deinen Sohn Jesus Christus den Tod besiegt.
Und du gibst uns die Zusage, dass du einst abwischen wirst all unsere Tränen.
Auch verheißt du uns eine Zukunft in deinem Reich, in dem der Tod nicht mehr sein wird
und in dem du alles neu machen wirst.
Dafür danken wir dir.
Amen.

Lesung in Anlehnung an Psalm 121

Ich hebe meine Augen auf zu den Bergen.
Woher kommt mir Hilfe?
Meine Hilfe kommt vom Herrn, der Himmel und Erde gemacht hat.
Gemeinde: Meine Hilfe kommt vom Herrn, der Himmel und Erde gemacht hat.

Er wird deinen Fuß nicht gleiten lassen,
und der dich behütet schläft und schlummert nicht.
Meine Hilfe kommt vom Herrn, der Himmel und Erde gemacht hat.
Gemeinde: Meine Hilfe kommt vom Herrn, der Himmel und Erde gemacht hat.

Siehe, der Hüter Israels schläft und schlummert nicht.
Der Herr behütet dich, dass dich des Tages die Sonne nicht steche noch der Mond des Nachts.
Meine Hilfe kommt vom Herrn, der Himmel und Erde gemacht hat.
Gemeinde: Meine Hilfe kommt vom Herrn, der Himmel und Erde gemacht hat.

Der Herr behüte dich vor allem Übel, er behüte deine Seele.
Der Herr behüte deinen Ausgang und Eingang von nun an bis in Ewigkeit!

Meine Hilfe kommt vom Herrn, der Himmel und Erde gemacht hat.
Gemeinde: Meine Hilfe kommt vom Herrn, der Himmel und Erde gemacht hat.

Musik (Geige)

Ansprache

Liebe Gemeinde,
die Tage sind kurz und trüb geworden. Das Kirchenjahr geht seinem Ende entgegen. Am vergangenen Sonntag war Volkstrauertag. Und am kommenden Sonntag ist Ewigkeitssonntag. Die Gestecke für die Gräber werden in den Geschäften zum Kauf angeboten. Wir befinden uns in der Zeit des Kirchenjahres, in der wir uns ganz besonders mit der Vergänglichkeit und mit dem Tod beschäftigen. Und vielleicht denken Sie, liebe Gemeinde, in diesen Tagen und Wochen auch immer wieder an Menschen, die Sie verloren haben – an Eltern, an Geschwister, an Ehepartner, an Freunde, an Kinder. Oder Sie sind traurig und niedergeschlagen, weil es Ihnen aus einem anderen Grund nicht gut geht.
Aber auf einmal, liebe Gemeinde, sind da Worte. Auf einmal sind da Worte aus der Bibel, aus dem 21. Kapitel der Johannesoffenbarung. Sie sagen uns: »Und Gott wird abwischen alle Tränen von ihren Augen, und der Tod wird nicht mehr sein. Noch Leid, noch Geschrei noch Schmerz wird mehr sein. « Und der auf dem Thron saß sprach, und Gott, sprach: »Siehe, ich mache alles neu!« Und diese Worte, liebe Gemeinde, möchten Sie gerade in Ihrer Trauer erreichen. Sie möchten zu Ihnen durchdringen, wenn es Ihnen nicht gut geht. Sie möchten Sie trösten. Sie möchten neue Zuversicht, neuen Lebensmut in Ihnen wecken. Denn diese Worte erzählen von einem neuen Himmel und einer neuen Erde. Sie erzählen von einer neuen Welt.
Und diese neue Welt hat der Seher Johannes auf Patmos für das Ende aller Tage geschaut. Eine neue Welt, das Reich Gottes, in dem Gott einst unter uns Menschen wohnen wird. Und Leid und Tod wird es dann nicht mehr geben. Welch eine großartige Zusage und Verheißung beinhalten diese Worte, liebe Gemeinde.
»Und Gott wird abwischen alle Tränen, und der Tod wird nicht mehr sein.«

Und Gott, sprach: »Siehe, ich mache alles neu!« Trösten möchten diese Worte. Neuen Lebensmut und neue Zuversicht möchten sie wecken.
Von einer Frau, die in ihrer Trauer getröstet wurde, ist nun auch in einem Märchen die Rede, das ich gleich erzählen werde. Die Frau im Märchen bekam wieder neuen Lebensmut und neue Zuversicht. Aber hören Sie sich jetzt das Märchen einfach einmal an, liebe Gemeinde.[2]

Es war einmal eine Mutter. Die hatte ein einziges Kind. Und sie hatte das Kind lieb von ganzem Herzen. Eines Tages aber schickte Gott eine große Krankheit. Die erfasste auch jenes Kind. Drei Tage wachte die Mutter am Bett bei ihrem kranken Kindlein. Dann starb es. Die arme Mutter war nun ganz allein. Sie aß nicht. Sie trank nicht. Sie weinte und weinte ohne Aufhören und rief nach ihrem Kinde. Wie sie nun in der dritten Nacht ganz müde von Tränen und Schmerz da saß, ging leise die Tür auf. Die Mutter schrak zusammen, denn vor ihr stand ihr Kind. Das sah nun aus wie ein Engel. Lieb und schön lächelte es. In seinen Händen trug es ein Krüglein, das war übervoll. Und das Kind sprach: »O liebe Mutter, weine nicht mehr um mich! Schau in diesem Krug sind deine Tränen, die du um mich geweint hast. Wenn du nur noch eine Träne um mich weinst, so wird das Krüglein überfließen. Und dein Kind wird ewig traurig sein und keinen Trost finden. Darum, liebes Mütterlein, weine nicht mehr um dein Kind. Denn dein Kind ist wohl aufgehoben und glücklich bei dem lieben Gott.« Damit verschwand das tote Kind. Und die Mutter weinte hinfort keine Träne mehr.

Soweit das Märchen, liebe Gemeinde. Die Frau im Märchen wurde schließlich in ihrer Trauer getröstet. Sie weinte nicht mehr um ihr Kind. Und sie bekam wieder neuen Lebensmut und neue Zuver-

2 Vgl. dazu Hoffsümmer, Willi: Gottesdienste mit Senioren. Modelle und Anregungen, 227. Das Märchen wurde mit verteilten Rollen erzählt (Erzähler, Kind). Mit deutlicher Mimik und Gestik wurde der Inhalt des Märchens auch visuell umgesetzt. Zur Veranschaulichung des Märchens wurde außerdem ein Krüglein verwendet.

sicht. Denn sie erfuhr: Ihr Kind ist wohl aufgehoben und glücklich bei Gott.
Was aber heißt das für Sie, liebe Gemeinde? Was heißt das für Sie, wenn Sie einen Menschen verloren haben? Oder wenn Sie aus anderen Gründen traurig und niedergeschlagen sind? Heißt das, dass Sie nicht trauern sollen? Heißt das, dass Sie nicht weinen sollen? Nein, das heißt es bestimmt nicht, liebe Gemeinde. Sie sollen trauern. Sie sollen weinen. Aber Sie sollen sich auch in Ihrer Trauer trösten lassen. Und Sie sollen wieder neuen Lebensmut und neue Zuversicht bekommen.
In der Johannesoffenbarung heißt es nämlich von Gottes neuer Welt, vom Reich Gottes, das am Ende der Tage anbrechen wird: »Und Gott wird abwischen alle Tränen, und der Tod wird nicht mehr sein.« Und Gott, sprach: »Siehe, ich mache alles neu!« Die Worte dieser Zusage, die Worte dieser Verheißung, möchten Sie jetzt schon trösten, liebe Gemeinde. Die Worte dieser Zusage, die Worte dieser Verheißung, möchten Ihnen jetzt schon neuen Lebensmut und neue Zuversicht geben – jetzt schon in diesem Leben, in dieser Welt. Und sie möchten deutlich machen: Gott führt uns einst zu einem guten Ziel. Gott führt uns einst zu einem guten Ziel in seiner neuen Welt, in seinem Reich, in seiner Ewigkeit. Amen.

Lied

So nimm denn meine Hände und führe mich (EG 376,1–3)

Musik (Orgel)

Während die Orgel spielt, werden Geschenke verteilt (hübsch eingepackte Taschentücher), auf denen folgende Sprüche angebracht wurden:

»Und Gott wird abwischen alle Tränen von ihren Augen, und der Tod wird nicht mehr sein.«

Und Gott sprach: »Siehe, ich mache alles neu!«

Beim Überreichen der Geschenke werden diese Sprüche abwechselnd zu den Gottesdienstteilnehmerinnen und -teilnehmern gesagt.

Fürbitten

1. Sprecher(in):
Herr, unser Gott, du hast uns zugesagt,
dass du einst abwischen wirst alle Tränen von unseren Augen.
Und du hast uns die Verheißung gegeben,
dass in deinem Reich der Tod nicht mehr sein wird.
Alles wirst du dann neu machen.

2. Sprecher(in):
Wir bitten für die Trauernden:
Lass sie trauern, ohne in ihrer Trauer zu versinken.
Und wecke in ihnen wieder neuen Lebensmut und neue Zuversicht.
Wir rufen: Herr erhöre uns.
Gemeinde: Herr erhöre uns.

3. Sprecher(in):
Wir bitten dich für die Tröstenden:
Lass sie die richtigen Worte und die richtigen Gesten finden,
mit denen sie Tränen zulassen und Tränen trocknen können.
Und hilf ihnen, deine Zusagen und Verheißungen glaubwürdig weiter zu geben.
Wir rufen: Herr erhöre uns.
Gemeinde: Herr erhöre uns.

4. Sprecher(in):
Wir bitten für die Verstorbenen:
Lass an ihnen wahr werden, was du uns zugesagt und verheißen hast.
Und lass auch uns einst an deinem Reich teilhaben,
in dem es Vergänglichkeit und Tod nicht mehr geben wird.
Wir rufen: Herr erhöre uns.
Gemeinde: Herr erhöre uns.

1. Sprecher(in):
Wir denken an alle diejenigen, die in diesem Jahr verstorben sind, auch im Paul-Gerhardt-Werk. Und wir schließen sie und ihre Angehörigen mit ein in unser Gebet.

Vater unser

Vater unser im Himmel.
Geheiligt werde dein Name.
Dein Reich komme.
Dein Wille geschehe,
wie im Himmel so auf Erden.
Unser tägliches Brot gib uns heute.
Und vergib uns unsere Schuld,
wie auch wir vergeben unsern Schuldigern.
Und führe uns nicht in Versuchung,
sondern erlöse uns von dem Bösen,
denn dein ist das Reich und die Kraft
und die Herrlichkeit in Ewigkeit.
Amen.

Sendung

Lied

Unsern Ausgang segne Gott (EG 163)

Segen

Gott, der Herr, gehe euch voraus und stärke euch mit seiner Kraft.
Er verlasse euch nicht in der Dunkelheit.
Er sei bei euch, um euch zu trösten, wenn ihr traurig seid.
Er sei neben euch, um euch aufzurichten, wenn ihr den Mut verliert.
Er segne und behüte euren Ausgang und Eingang von nun an bis in Ewigkeit.
Und so segne euch und behüte euch der allmächtige und barmherzige Gott –
Vater, Sohn und Heiliger Geist.
Amen.

Musik

Konzeptionelle Überlegungen

1. Das Umfeld und das Gottesdienstkonzept

Das Paul-Gerhardt Werk in Offenburg ist Mitglied des Diakonischen Werkes und setzt sich u.a. aus dem Wichern-Haus für die Sonder- und Schwerstpflege mit 100 Bewohnerinnen und Bewohnern, dem Bodelschwingh-Haus, einem Altenpflegeheim mit 85 Bewohnerinnen und Bewohnern sowie dem Altenpflegeheim Paul-Gerhardt-Haus mit 108 Bewohnerinnen und Bewohnern zusammen. Daneben gehören auch mehrere Seniorenwohnungen und eine geriatrische Rehabilitationsklinik zum Paul-Gerhardt-Werk. Zudem befindet sich mit dem Stephanus-Haus in Hornberg mit 59 Bewohnerinnen und Bewohnern ein weiteres Altenpflegeheim in der Trägerschaft des Paul-Gerhardt-Werkes.

Das Wichern-Haus und das Bodelschwingh-Haus wurden baulich durch einen Übergang miteinander verbunden. Wobei sich im Bodelschwingh-Haus die Paul-Gerhardt-Kirche befindet, in der regelmäßig Gottesdienste für die Bewohnerinnen und Bewohner der Pflegeheime, für die Patientinnen und Patienten der geriatrischen Rehabilitationsklinik und für die Mieter der benachbarten Seniorenwohnungen angeboten werden. Diese Gottesdienste sind auch für Interessierte von außen offen. Zum Paul-Gerhardt-Haus, das in einem anderen Stadtteil Offenburgs liegt, gehört ein Kirchsaal. Sowohl in der Paul-Gerhardt-Kirche wie auch im Kirchsaal des Paul-Gerhardt-Hauses findet an jedem Sonntag ein evangelischer Gottesdienst und an jedem zweiten Montag ein katholischer Gottesdienst statt. Jeden Mittwoch stehen Andachten fest auf dem Veranstaltungsplan, die ebenfalls von evangelischer Seite durchgeführt werden. An allen Gottesdiensten und Andachten nehmen Angehörige beider Konfessionen sowie hin und wieder auch Konfessionslose teil.

Die Gottesdienste und Andachten sind nun so konzipiert, dass auch Menschen, die an Demenz erkrankt sind, daran teilnehmen können. Für schwer demenzkranke Menschen eignen sich besonders die Andachten, da diese recht kurz sind (ca. 20 Minuten). Außerdem werden Sprache und Satzbau in der Liturgie und im Predigtteil dieser Andachten einfach gehalten. Im Predigtteil verdeutlicht des Weiteren oft eine kurze Geschichte die zentrale theologische Aussage der Predigt, die häufig wiederholt wird. Zudem enthält die Liturgie ausschließlich von früher her bekannte Elemente. Auch die Lieder, die gesungen werden, sind den Teilnehmerinnen und Teilnehmern der Andachten sehr vertraut. Zusätzlich zu diesen Andachten und Gottesdiensten werden in der Paul-Gerhardt-Kirche und im Kirchsaal des Paul-Gerhardt-Hauses schon seit längerer Zeit ein- bis zweimal im Jahr Gottesdienste gefeiert, die sich in erster Linie an demenzkranke Menschen richten. An diesen Gottesdiensten nehmen im Rahmen eines Ausfluges regelmäßig auch Bewohnerinnen und Bewohner des Stephanus-Hauses in Hornberg teil.

2. Konzeption der Gottesdienste für Menschen mit einer Demenzerkrankung

Die Gottesdienste für an Demenz erkrankte Menschen, bei denen sich Bewohnerinnen, Bewohner, Mitarbeitende und Ehrenamtliche mit sehr viel Engagement und Freude an der Vorbereitung sowie der Durchführung beteiligen, sind oft jahreszeitlich oder an den Themen des Kirchenjahres orientiert[3]. Auch die Dekoration in den Heimen und auf den Wohnbereichen richtet sich in der Regel danach, um den demenzkranken und desorientierten Menschen eine Orientierung zu bieten und um sie am Jahresablauf teilhaben zu lassen.

Da demenzkranke Menschen sich häufig an früher Erlebtes erinnern, wird bei der Gottesdienstgestaltung auf bekannte und vertraute liturgische Elemente und Lieder zurückgegriffen. Die im Gottesdienst gesungenen Lieder werden einige Tage vor dem Gottesdienst geübt. Die Predigt ist kurz und klar strukturiert. An diesem Prinzip (Kürze und klare Struktur) orientieren sich außerdem die Gebete, von denen manche ebenfalls schon ein bis zwei Tage vor dem Gottesdienst mit den Bewohnerinnen und Bewohnern gesprochen werden, um eine Vertrautheit zu erzeugen. Das Gleiche gilt für den Psalm. Damit keine

3 Themen der im Paul-Gerhardt-Werk gefeierten Gottesdienste für demenzkranke Menschen waren beispielsweise: »Wachsen und Gedeihen« (Frühling), »die güldne Sonne« (Sommer), »Ernte« und »fallende Blätter« (Herbst), »Engel« und »Licht« (Vorweihnachts- und Adventszeit).

Verunsicherung durch zu viele Eindrücke entsteht, wird die Dekoration auf das Wesentliche beschränkt, wobei sie das zentrale Thema des Gottesdienstes immer wieder aufnimmt. Das zentrale Thema des Gottesdienstes wird darüber hinaus in der Einführung, in den Gebeten, in den verwendeten Texten und in der Predigt wiederholt angesprochen. In der Woche vor dem Gottesdienst helfen Bewohnerinnen und Bewohner unter fachkundiger Anleitung, kleine Geschenke zu basteln, die dann im Gottesdienst verteilt werden. Diese Geschenke stehen gleichfalls mit dem zentralen Thema des Gottesdienstes in enger Verbindung. Musikalisch begleitet wird der Gottesdienst durch Orgelmusik, da diese im Kontext des Gottesdienstes ein vertrautes Element darstellt. Daneben werden einige Lieder und Musikstücke aber auch mit einer Geige gespielt, wodurch demenzkranke Menschen in besonderer Weise zum Singen angeregt und beruhigt werden.

Als wir mit den Gottesdiensten für Demenzkranke im Paul-Gerhardt-Werk begannen, konzipierten wir sie als Zielgruppengottesdienste. Bereits während des ersten Gottesdienstes stellten wir jedoch fest, dass bei den nicht dementiell Erkrankten ebenfalls ein Interesse an diesen Gottesdiensten bestand. Außerdem haben die nicht demenzkranken die demenzkranken Gottesdienstteilnehmerinnen und -teilnehmer in positiver Weise beeinflusst und ihnen Halt und Orientierung gegeben. Seitdem feiern wir diese Gottesdienste mit einem inklusiven Ansatz. So richtet sich beispielsweise die Predigt nicht allein an Demenzkranke. Wichtig ist uns hierbei jedoch, dass die Predigt durch die Art und Weise der Gestaltung und des Vortrags eine Resonanz bei den Demenzkranken hervorruft. Dass dies der Fall ist, können wir immer wieder beispielsweise daran erkennen, dass demenzkranke Menschen während der Predigt Wörter und Sätze, die sie berührt haben, nachsprechen. Darüber hinaus haben nach unserer Erfahrung die Atmosphäre und ein dem Personenkreis gerecht werdendes Gesamtkonzept des Gottesdienstes (Erinnerungselemente, von Früher her bekannte Motive, vertraute Gebete und Lieder, klare Strukturen, Raum für Beteiligung, visuelle Impulse s. o.) für demenzkranke Menschen eine große Bedeutung. Das Gleiche gilt für das Gefühl der Sicherheit und für das Empfinden des Geborgenseins. Daher achten wir bei den schwerer an Demenz Erkrankten darauf, dass eine vertraute Person (Mitarbeitende, Ehrenamtliche, Angehörige) neben ihnen sitzt.

Das für einen Gottesdienst, der sich an demenzkranke Menschen richtet, eher ungewöhnliche Thema »Trauer« wählten wir, nachdem wir beobachtet haben, dass einige demenzkranke Bewohnerinnen und Bewohner, die vor Kurzem einen Ehepartner oder eine andere wichtige Person in ihrem Leben verloren hatten, traurig und niedergeschlagen waren. Auch von der Verortung des Gottesdienstes im Kirchenjahr zwischen Volkstrauertag und Ewigkeitssonntag bot sich ein solches Thema an. Dennoch waren wir bei der Auswahl der Personen, die wir zu diesem Gottesdienst einluden, sehr vorsichtig. Wir beschränkten uns auf diejenigen Bewohnerinnen und Bewohner, von denen wir annehmen konnten, dass ihnen ein solcher Gottesdienst gut tun würde. Die Reaktionen der demenzkranken Menschen während des Gottesdienstes und danach sowie das häufige »Danke«, das wir hörten, bestätigten uns dann darin, dass wir bei der Themenfindung dieses Gottesdienstes richtig lagen.

Wie aus dem Dargestellten ersichtlich wird, sind die Gottesdienste, die wir im Paul-Gerhardt-Werk für demenzkranke Menschen anbieten, personell und zeitlich recht aufwendig. Bei der Gottesdienstgestaltung und bei der Vorbereitung des Gottesdienstes werde ich daher auch tatkräftig von Mitarbeitenden des Paul-Gerhardt-Werkes und von Ehrenamtlichen unterstützt, ohne die ein Gottesdienst in dieser Form nicht möglich wäre.

Literatur

Arnold, Jochen: Was geschieht im Gottesdienst? Zur theologischen Bedeutung des Gottesdienstes und seiner Formen, Göttingen 2010.

Buijssen, Huub: Demenz und Alzheimer verstehen. Erleben, Hilfe, Pflege: Ein praktischer Ratgeber, Weinheim/Basel 2008.

Demenz-Report 2011 (pdf-Datei unter: http://www.berlin-institut.org/fileadmin/user_upload/Demenz/Demenz_online.pdf; abgerufen am 9.1.2013).

Die Würde erleben lassen. Tagungsdokumentation des EEB-Forums am 26.2.2010, Hannover 2012.

Fröchtling, Andrea: »Und dann habe ich auch noch den Kopf verloren …« Menschen mit Demenz in Theologie, Seelsorge und Gottesdienst wahrnehmen, Leipzig 2008.

Geiger, Arno: Der alte König in seinem Exil, München 2011

Grethlein, Christian: Grundinformation Kasualien, Göttingen 2007.

Ders.: Grundfragen der Liturgik, Gütersloh 2001.

Hoffsümmer, Willi: Gottesdienste mit Senioren. Modelle und Anregungen, Freiburg im Breisgau 2009.

Huber, Wolfgang: »Evangelisch im 21. Jahrhundert«, Eröffnungsvortrag für den Zukunftskongress der Evangelischen Kirche in Deutschland, Wittenberg, 25. Januar 2007, in: Kirche im Aufbruch. Schlüsseltexte zum Reformprozess, hrsg. vom Kirchenamt der EKD, Leipzig 2012, 174–188.

Kitwood, Tom: Demenz. Der person-zentrierte Ansatz im Umgang mit verwirrten Menschen, Bern ^{5}2008.

Klie, Thomas: Gottesdienst im Raum, in: Christian Grethlein/Günther Ruddat (Hg.), Liturgisches Kompendium, Göttingen 2003, 260–281.

Leuthe, Friederike: Richtig sprechen mit dementen Menschen, München 2009.

Munsch, Robert: Ich lieb dich für immer …, mit Bildern von J. Rieckhoff, Oldenburg ^{5}2013.

Pagel, Maria: Jeder Tag hat seine Würde. Gottesdienste mit dementen Menschen in Alten- und Pflegeheimen. Regensburg 2007.

Plothe, Ursula/Ivonne Tholen: Für den Augenblick. Gottesdienste mit Demenzkranken und ihren Angehörigen, Göttingen 2011.

Saß, Marcell: Frei-Zeiten mit Konfirmandinnen und Konfirmanden, APrTh 27, Leipzig 2005, 226–239.

Anhang

Liedvers »Vergiss mein nicht«

Abbildung: Hüttenkirche

Ausschreibung

KARL
BERNHARD
RITTER | STIFTUNG
zur
FÖRDERUNG
des
GOTTESDIENSTES

»Gottesdienst mit Demenzkranken«

Unter diesem Thema schreibt die
**»Stiftung zur Förderung des Gottesdienstes
(Karl-Bernhard-Ritter-Stiftung)«**
den Gottesdienstpreis 2012 aus.

Gemeinden und Einrichtungen aus den Kirchen der ACK sind eingeladen, bis zum 28. Februar 2012 Gottesdienste einzureichen, die im Blick auf Demenzkranke, ihre Angehörigen und ihr Umfeld gestaltet und gefeiert wurden.

Kriterien für die Vergabe des Preises:

- Theologische und ästhetische Qualität
- Verwendung von Leichter Sprache und unterstützender Kommunikation
- Elementarisierung
- Umgang mit Gesten, Symbolen und Zeichen
- Berücksichtigung der Sinnesorgane
- Impulse zur Aktivierung von Erinnerungen
- Beteiligung der Gemeinde

Die Gottesdienste sind in schriftlicher Form und als Datei (höchstens 20 Seiten) zu dokumentieren. Die Darstellung sollte einen Ablaufplan und alle gottesdienstlichen Texte enthalten. Darüber hinaus sind konzeptionelle Überlegungen (höchstens 5 Seiten) einzureichen. Öffentliche Resonanzen (Zeitungsberichte, Fotos u. ä.) können hinzugefügt werden. Auch ein Video-Ausschnitt (höchstens 5 Minuten) aus der Eingangsphase des Gottesdienstes kann mit eingesandt werden.

Die Entscheidung der Jury ist unanfechtbar. Der Rechtsweg ist ausgeschlossen. Mit der Einreichung wird einer möglichen Veröffentlichung unter www.gottesdienst-stiftung.de zugestimmt.

Der Preis ist mit 2500 € dotiert.

Weitere Informationen unter:
www.gottesdienst-stiftung.de

Nachfragen und Einsendungen bitte an:
Stiftung zur Förderung des Gottesdienstes
(Karl-Bernhard-Ritter-Stiftung)
Baunsbergstraße 62
34131 Kassel
oder info@gottesdienst-stiftung.de

Die Jury

Geertje-Froken Bolle, Pfarrerin in Klinik- und Altenheimseelsorge, Berlin

Prof. Dr. Jochen Cornelius-Bundschuh, Ausbildungsreferent der Evangelischen Landeskirche in Baden, Karlsruhe

Heidrun Dörken, Medienbeauftragte der Evangelischen Kirche in Hessen und Nassau, Frankfurt/Main

Prof. Dr. Holger Eschmann, Theologische Hochschule Reutlingen

Dr. Folkert Fendler, Zentrum für Qualitätsentwicklung im Gottesdienst, Hildesheim

Dr. Lutz Friedrichs, Referent für Gottesdienst, Kassel

Anne Gidion, Gottesdienstinstitut Nordelbien, Hamburg

Dr. Stephan Goldschmidt, Vorsitzender der Stiftung zur Förderung des Gottesdienstes und Gottesdienstreferent der EKD, Hannover

Dr. Reinhard Höppner, Ministerpräsident a. D. von Sachsen-Anhalt, Magdeburg

Prof. Dr. Benedikt Kranemann, Lehrstuhl für Liturgiewissenschaft, Erfurt

Dr. Andreas Leipold, Gefängnisseelsorger, Bad Hersfeld

Prof. Dr. Hans-Martin Lübking, Pädagogisches Institut der Ev. Kirche von Westfalen, Schwerte

Jörg Persch, Verlagsbereichsleiter, Göttingen

Prof. Dr. Ulrike Wagner-Rau, Lehrstuhl für Praktische Theologie, Marburg

Burkhard Weitz, Chrismon-Redakteur, Frankfurt

Laudatio

während der Preisverleihung auf der hannoverschen Landessynode am 28. November 2012

Oberkirchenrätin Inken Richter-Rethwisch

Sehr geehrter Herr Präsident,
sehr geehrter Herr Landesbischof,
liebe Frau Stoffregen, liebe Frau Reitberger, lieber Herr Oldenburg,
sehr geehrte Damen und Herren!

»Vergiss mein nicht« – so lautet der Titel des Gottesdienstes, der am 9. Oktober 2011 in der St. Nicolai-Kirche in Lüneburg gefeierte wurde und der heute – im äußeren Rahmen der Landessynode in Hannover – mit dem Gottesdienstpreis ausgezeichnet werden soll. Aus der Perspektive der Ausschreibung waren Gottesdienste im Blick, die für Menschen mit Demenz sowie deren Angehörige und Umfeld gestaltet wurden. In den Augen der Jury war inmitten der Vielzahl der eingereichten Gottesdienste, die allesamt ansprechend und überzeugend waren, der Gottesdienst »Vergiss mein nicht« besonders beeindruckend. Die Jury begründete dies mit den Worten: »Dieser Gottesdienst ging erkennbar aus einer örtlichen Kooperation zwischen der Alzheimer-Gesellschaft, der Psychiatrischen Klinik und der Gemeinde St. Nicolai hervor, die seit mehreren Jahren besteht. Uns beeindruckte die sorgfältige und intensive Vorbereitung, an der viele Gemeindegruppen beteiligt waren.«

Ungefähr 1,2 Millionen Menschen mit Demenz leben derzeit in Deutschland und die Zahl der Erkrankung nimmt kontinuierlich zu. Durch die demographische Entwicklung gewinnt das Thema ganz offensichtlich an Relevanz und mit den Biographien prominenter

Persönlichkeiten kommt »Demenz« an verschiedenen Stellen zunehmend in öffentliches Bewusstsein. Eine zukünftige Herausforderung auch für uns als Kirche.

Einen Gottesdienst für Erkrankte und deren Umfeld zu gestalten, bedeutet in dieser Konsequenz, sich zuerst zu vergegenwärtigen, wie sich Welt- und Selbstwahrnehmung der betroffenen Menschen in den verschiedenen Stadien der Erkrankung verändert und welche Bedarfe sich daraus für den Gottesdienst ableiten. Dabei spielen Suche nach Orientierung und Ordnung, nach Geborgenheit und Sicherheit, nach Halt und Trost eine entscheidende Rolle. Im Kommunikationsgeschehen des Gottesdienstes besteht der hohe Anspruch, in Ritual und Symbolik, in einfacher, aber dennoch gehaltvoller Sprache und klarer Struktur dem Wort Gottes Raum zu geben, so dass sich Beheimatungskräfte entfalten können.

In besonderer Weise versucht der Gottesdienst »Vergiss mein nicht« diesen Anspruch einzulösen. Schon in der gemeinsamen gemeindlichen und multiprofessionellen Kooperation kommt zum Ausdruck, dass von vielen verschiedenen kreativen Zugängen her gedacht wurde, um eben nicht exklusiv, sondern den Gottesdienst möglichst inklusiv zu gestalten. Der Mittelpunkt bildet dabei das Wort aus Jesaja 49 und seine tröstliche Botschaft:

»Jauchzet, ihr Himmel; freue dich Erde! Lobet, ihr Berge, mit Jauchzen! Denn der Herr hat sein Volk getröstet und erbarmt sich seiner Elenden. Siehe, in die Hände habe ich dich gezeichnet!«

»Siehe, in die Hände habe ich dich gezeichnet!« Damit war bei Ihnen im Vorbereitungsteam auch die Kern-Idee geboren: Das Symbol der Hand zum Zentrum zu machen, verknüpft mit der Botschaft, dass auch diejenigen, die mit dem Vergessen kämpfen, in die Hand Gottes geschrieben und darum nicht vergessen sind. Verbunden mit der Erinnerung daran, dass Gottes Schweigen ein Ende hat und nicht Sprachlosigkeit und Gottvergessenheit am Ende die bestimmenden Farben des Lebens sind. In dieser Aussage konzentriert sich der Gottesdienst auf seine theologische Mitte, die durch Gesten und Zeichen mit allen Sinnen erlebt werden konnte.

Ein überwältigender Moment – wer das als Angehöriger, Pflegender und Gottesdienstteilnehmender schon einmal mit erlebt hat – wenn dementiell erkrankte Menschen in liturgischen Passagen (etwa Liedern, Psalmen oder Gebeten) überraschenderweise mitsprechen, sich an Zeichen und Gesten beteiligen können und damit eine Gemeinschaft über trennende Barrieren hinweg entsteht. Hier wird im besten Sinne seelsorglicher Verkündigung eine »lebendige Brückenbauarbeit« geleistet, die ansonsten in der Wüste der Erinnerungslosigkeit abzustürzen droht. Und gleichzeitig werden nicht davon betroffene Kirchgänger für die besondere Situation von Demenz sensibilisiert. Das ist eine gelungene Form von Inklusion, die unserer Kirche Profil und Erkennbarkeit verleiht!

Liebe Frau Stoffregen, liebe Frau Reitberger, lieber Herr Oldenburg, wir freuen uns heute mit Ihnen und hoffen: Möge dieser Gottesdienst viele positive Nachahmungseffekte auslösen und immer erneut unsere Phantasien anregen, wo und in welcher Form wir Seelsorge und Verkündigung so anregend miteinander verbinden, dass Menschen unterschiedlichster Zugänge sich beheimatet fühlen in der Sprache, den Zeichen und Gesten unserer Gottesdienste.